WHY

윤지영 지음

WHY

돈,
직업,
시간
그리고
존재를
묻다

이데아

WHY
돈, 직업, 시간 그리고 존재를 묻다

초판 1쇄 발행 | 2024년 7월 22일

지은이 | 윤지영

펴낸이 | 한성근
펴낸곳 | 이데아
출판등록 | 2014년 10월 15일 제2015-000133호
주　　소 | 서울 마포구 월드컵로28길 6, 3층 (성산동)
전자우편 | idea_book@naver.com
페이스북 | facebook.com/idea.libri
전화번호 | 070-4208-7212
팩　　스 | 050-5320-7212

ISBN 979-11-89143-48-0 (03190)

탐험가로 세상을 살아갈 수 있도록
용기와 사랑을 부어 준 주미대 여사에게
이 책을 바칩니다.

초등학교 시절 우리 집은 일주일에 한 번씩 가족회의를 했다. 삼 남매와 부모님이 참석하는 이 회의는 오빠가 진행했다. 매주 가장 중요하게 제기되는 안건이 있었는데, '엄마는 꼭 일을 해야 하는가?'였다. 다른 집은 방과 후에 엄마가 간식도 챙겨 주고 맞이해 주는데 우리는 왜 할머니와 있어야 하는가, 다른 엄마들처럼 우리를 돌봐 주는데 전력을 다하면 안 되냐는 것이었다. 전문용어로 왜 우리 엄마는 전업주부가 아니어야 하는가 정도일 것이다.

엄마의 답은 늘 같았고, 우리는 매번 설득되었다. 정확한 문장은 생각나지 않지만 아주 오랫동안 이 멋진 말을 이해하려고 노력했고, 엄마를 응원할 수밖에 없었다. 그리고 그 마음은 내 인생을 응원하는 마음이 되었다.

"엄마도 자아실현이 필요한 존재야. 너희가 공부하고, 훌륭한 사람이 되고, 인생을 완성해 가는 것처럼 엄마도 그래. 엄마는 그래서 일을 해야 하고, 너희만 바라보고 살 수는 없어." 언제나 사랑이 넘치는 그녀지만 이때만큼은 단호했다. 이어서 찬반 투표를 하면 늘 엄마의 승리였다. 엄마가 일하러 가는 건 싫지만, 엄마의 자아실현은 뭔지 몰라도 왠지 지지해야 할 것 같았다.

법을 전공한 엄마는 딱하고 억울한 지경에 놓인 여성들, 하지만 변호사는 고용할 수 없는 사람들을 돕는 일을 했다. 대학에서 1000명씩 모아 놓고 울림을 주던 엄마의 강의를 내 평생 직접 듣지 못하고 전해만 들은 것이 안타깝다. 엄마의 전성기에는 인터넷도 유튜브도 없었으니까. 그리고 그 시절부터 내 안에 깊숙이 되뇌어진 알 수 없는 단어, 자아실현.

우리 모두는 어느 지점을 향해 가는 과정에 있다. 그녀의 일은 누가 봐도 남을 돕는 일이었지만, 그녀에게도 자아실현의 동기가 있었다. 오로지 이타심만이 우리 행동의 동력이 될 수는 없다. 자아실현이란 삶의 비전을 가지고 하는 여행이며, 그 길에서 존엄한 나를 발견하고 배우고 완성해 가는 과정이다. 엄마에게는 이것이 사랑하는 아이들을 설득하고 일터로 나갈 수 있는 힘이었을 것이다. 우리는 그녀를 통해 삶을 배웠다.

풍요의 성적표

어느 분야든지 매일 배우고 새롭게 습득해야 하는 시대, 우리의 모든 행동과 일과 생각이 데이터로 연결된 세상에서 서로의 영향은 더욱 가속화되었고, 세상의 변화 속도도 이에 따른다. 믿기 어려운 미래가 벌써 우리 앞에 와 있고, 기존의 관점으로는 이해할 수 없는 현상들이 우리를 불편하게 만드는 중이다. 예전에는 언론이, 학교가, 정보와 지식의 생성과 교육의 역할을 맡았고 제도권 안에서 삶을 누리고 있다면 우리는 비교적 안심했다.

그러나 전통 미디어는 세상의 본질적 변화를 아직도 받아들이지 못한다. 사회적 괴리와 불신을 만드는 대표적 존재가 되었고,[1] 학교도 제 역할을 잃은 지 오래다. AI, NFT 등 쏟아져 나오는 새로운 개념들이 왠지 나를 도태시킬 것 같다. 하지만 기술의 진화가 문제의 본질은 아니다. 조직, 가치, 기술, 시장의 관점부터 개인의 삶에 이르기까지 근본적인 작동 원리가 변화하고 있다. 우리는 앞으로 가고 있는 것이 분명한가?

풍요의 세상이 왔다는데, 정신적으로는 빈곤하다. 우울증에 시달리는 사람들은 더 늘어난다.[2] 우리는 열심히 일했을 뿐인데, 세상은 더 믿을 수 없게 되었다. 열심히 일할수록 상품도, 콘텐츠도, 광고도 넘쳐나고 진짜 정보를 가려내기 위해 더 노동에 시달려야 한다. 의술의 발달로 거뜬해진 백세 시대에 환경 호르몬이 만드는 암 환자 숫자는 늘고 있다.[3] 생태계는 점차 파괴되고, 인류는 존속의 위기에 직면하게 되었다.

이 모든 현상은 서로 연결되어 있다. 사회는 분열되고 작고 폐쇄적인 그룹들로 파편화되었다. 소통은 어려워졌다. 세상은 편리해졌는데 나는 고립되었다. 세상은 우리에게 모든 가치를 풍요로움에 맞추라고 유혹한다. 쓰고도 남을 돈, 먹고도 남을 음식, 입고도 남을 옷들로 넘쳐야 성공인 줄 알았는데, 지금 우리가 받아든 풍요의 성적표는 참담하다. 지금 우리가 만든 이 세상은 각자가 가진 삶의 이유, 일하는 이유가 민든 결과물이다.

잃어버린 질문, '왜'

앞으로 간다는 것은 무엇이며, 우리가 살아 숨 쉬며 만들고 있는 오늘은 무엇인가? 나는 어디서 와서 어디로, 무엇을 위해, 누구와 함께 가는 중인가? 모든 관계와 가치가 재편되는 지금, 누구도 피해 갈 수 없는 질문이다. '나'에 대한 질문, '존재'에 대한 질문이다. '왜'는 이에 대한 질문이자 답이다. 본질에 대한 정의는 그 자체로 답을 갖고 있다(본문에서 자세히 다뤄진다). 각자 안에서 보석처럼 발견되기를 기다리는 '왜', 너무 바쁘고 지쳐서 잊고 있던 나, 각자가 본래 바라보고자 했던 세상이 거기 있다.

한 개인의 삶이든, 기업이든 '왜'라는 질문은 한 사람의 일생을, 일하는 이유를, 기업의 흥망성쇠를 바꾸고, 그래서 세상을 바꾼다. 결과적으로 돈을 더 많이 벌고 더 성공하기 위한 전략으로서의 '왜'가 아니라 우리를 살아 있게 하는 것, 존재를 위한 질문이 될 것이다.

'왜'는 멈춰 서야 던질 수 있고, 볼 수 있고, 만질 수 있고, 나눌 수 있다. 내 삶의 뿌리를 비로소 만날 수 있다. 이를 향한 여정이 시작되기를 돕는 것, 이 글을 쓰는 유일한 이유다. 나도 오랫동안 이 질문 없이 질주하며 살아왔다. 내가 만들어온 세상은 꽤나 멋졌고 자랑스러웠다. 길이 아닌 길을 개척하고 원점부터 브랜드를 새로 만드는 데 몰두했다. 날이 갈수록 사람들이 '알아주는' 피드백은 성공의 증표였고 보람이었다. 강제로 멈춰지는 순간이 오기 전까지.

이 책은 불편하다. 괜찮다는 위로가 없다. 바쁜 당신이 쉽게 써먹을 전략도 없다. 그 대신 연결의 주체인 우리 자신을 깊게 함께 들여다보는 시간으로의 초대장이다. 너무 멋진 당신을 응원하는 대신 당신이 쓰고 있는 가면에 대해, 내 안에서 잊힌 나에 대해, 풍요 속에서 발견된 어떤 빈곤에 대해 말해야 한다. 돈을 벌기도 바쁜데 세상을 구할 주체가 귀찮게도 왜 당신인지, 나는 말할 것이다. 가볍게 읽을 남의 무용담이면 좋을 텐데, 인간 존재에 대한 질문과 답을 당신 한 사람으로부터 시작하고 또 맺을 것이다.

출판사는 이 책을 어디에 놓아야 할지 고민스럽다고 했다. 자기계발 카테고리에 놓아야 할까? 그러면서 이 정체불명의 책을 읽고 기존의 자기계발은 잊으라고 할 것인가? 아니면 인문학에 놓아야 할까? 그래서 가볍게 읽을 교양이 아닌 존재에 대한 철학을 논하자고 해야 하나? 그것도 아니라면 경제경영에 놓고 창업자나 경영인들이 읽을 조직 철학으로 제시해야 할까? 어쩌면 카테고리의 틀로 구분될 수 없는, 형체가 없는 것이 이 책의 정체성일 것이다. 한 가지만은 확실하다. 어디서 어떤 질문을 던지든지, 그 질문은 나의 존재에 대한 발견으로 돌아올 것이다.

이 책은 세상과 분리되지 않는 나, 일과 삶이 하나 되는 지점에서 설레는 여정을 시작하기 위한 가이드북이 되기를 원한다. 깊은 곳까지 함께 들어가, 지금 우리 앞에 놓인 세상의 악순환을 선순환으로 돌릴 수 있는 본질을 만날 것이다. 각자의 '왜', 즉 '존재 이유'들이 뿌리째 연결된 근원으로 갈 것이다. 단 한 생명의 발견이 곧 세상을 움직이는 거대한 힘이라는 것을 전할 것이다. 이 작은 이야기가, 서로의 '왜'를 찾고, 그 뿌리에서 존엄하게 연결된 잃어버린 우리 자신을 발견하는 여정이 되기 바란다.

한 사람의 '왜'는 강력하다. 이 단순한 질문이 자신의 삶과 주변을 바꾸고, 균열을 만들고, 세상을 바꾼다. 거대한 기업도, 나 한 사람의 삶도 동일하다. 그 여정은 고통스럽지만 세상의 변화가 바로 여기 있다.

이 책의 여정

이 책의 본문은 나의 죽음으로 시작할 것이다. 내가 쌓아올린 것이 어떻게 무너지고, 그 잔해에서 무엇이 발견되었는지에 대한 고백으로 시작할 것이다. 이 책은 10년 전 출간한 《오가닉 미디어》의 다음 편이다. 첫 책에서는 우리 사고의 틀인 미디어를 해체했다. 왜 연결이 지배하는 이 세상이 살아 있는 네트워크로 동작하는지, 문제를 정의했다. 진화하고 성장하지 않으면 도태되고 소멸되는 네트워크의 속성이 우리 삶에, 우리가 만드는 가치에 원리로 동작한다는 줄거리였다. 살아 있는 네트워크로 모든 관점이 전환될 수 있도록 돕고자 했다.

지금도 이 관점은 유효하다. 아니, 이 책의 전제다. 그런데 이 용감한 전개 안에 내가 없었다. 나는 없고 현상만 있었다. 책을 읽는 사람들의 '존재'도 없었다. 그 한 사람이 없었다. 그래서 출간 초기에 많은 사람이 《오가닉 미디어》를 전략 책으로 읽었다. 하지만 전체가 하나의 유기체로 살아 숨 쉬는 세상, 그 네트워크를 만들고 살아서 성장하도록 만드는 주체는 바로 '나' 자신이다. 여기서 '나'는 누구인가? 첫 번째 파트에서 던지는 질문이다.

그 한 사람을 다루기 위해서는 세상을 보아야 한다. 세상과 나의 관계를 구조적으로 살펴보기 위해 세상과 나 사이에 놓인 가면, 모든 관계를 지배하는 돈의 작용과 존재적 빈곤, 일과 삶이 하나되는 시대에 직업의 종말을 다룰 것이다. 나 한 사람은 세상을 움직이는 악순환의 어디쯤에서 발견되는지, 진실의 왜곡이 만드는 세상의 악순환을 해부할 것이다. 두 번째 파트에서 다뤄질 내용이다. 이 모든 준비를 마치고 '왜'가 발견되는 현장으로 들어갈 것이다.

'왜'는 처음에는 기업을 돕기 위해 시작한 워크숍⁴이었다. 돈을 더 많이 벌고, 더 많은 팬을 만들기 위한 기업의 고민에서 시작하는 세션은 언제나 한 사람의 발견으로 끝이 났다. 그 한 사람의 변화를 통해 우리는 많은 것을 배웠다. 세상의 변화가 어디에 있는지 눈으로 보았다. 세 번째 파트에는 '왜' 세션을 적나라하게 적었다. 진돗개의 별명을 가진 나와 '왜'를 찾는 건축가의 워크숍은 실화다. '왜'를 찾아가는 과정, 그 안에서 발견되는 문제의 본질, 질문의 힘, 무엇보다 '왜'란 무엇인지 그 속성과 함께 분명하게 정의할 것이다.

그런데 '왜'를 만나게 되어도, 악순환이 기하급수적인 규모로 돌아가는 네트워크 세상에서 나의 '왜'를 어떻게 자라게 하고, 중간에 포기할 수 없는 뿌리를 내리게 할 것인지, 체득까지 가지 않으면 불꽃은 꺼지고 '왜'는 잊힐 수 있다는 것을 여러 번 목격할 수밖에 없었다. 네 번째 파트에서는 '왜'를 찾은 다음을 다룬다. 시간이다. 연결이 지배하는 세상에서는 시간이 다르게 흐른다. 기존에 내 사고의 틀이 되어 온 선형적 시간의 개념을 해체하지 않으면 가치가 만들어지지 않는다. 혼자든 조직이든, 선순환을 만들고 이를 통한 가속도를 만들지 못하면 악순환의 속도를 따라갈 수가 없다. 내 '왜'는, 내 성장은 도태될 수밖에 없다.

마지막 파트에서는 인공지능, 뇌-컴퓨터 인터페이스 같은 기술과의 공존이 가져온 필연적 질문, 즉 인간의 정의, 존재의 정의를 다룰 것이다. 마지막 글에서 인간의 운명을 만들어 왔고 만들어 갈 주체, 그 괴물의 정체에 대해 파헤칠 것이다. H족과 T족의 싸움에서, T족 아이들이 만들어 낸 진실의 지도를 통해 그 답을 얻을 것이다. '왜'를 발견한(할) 여러분과 함께 가고 싶은 길, 조직을 넘어선 조직화의 길을 함께 그릴 것이다.

LIFE

**죽음 속의
생명**

MONEY
WHY
TIME
BEING

01 고슴도치의 죽음

The Death of a Hedgehog

죽음의 문턱에 이르러서야 알았다. 그때가 2017년 4월, 두 번째 책《오가닉 마케팅》이 출간되고[1] 겨우 한 달을 넘긴 때였다. 그간의 노력은 나를 배반하지 않고 정점을 찍기 시작했다. 나는 어느 때보다 즐겁게, 열정을 다해 할 수 있는 일에 온전히 몰입되어 있었다. 일을 하면 할수록 나는 성장했으며, 내가 하는 일을 대체할 수 있는 사람은 세상에 없었다. 브랜드가 만들어지고 있었고, 기업들이 줄을 서기 시작했다.

고슴도치 전략

짐 콜린스[Jim Collins]가《좋은 기업을 넘어 위대한 기업으로[Good to Great]》라는 책에서 소개한 '고슴도치 전략'[2]의 성공이었다.

원리는 단순하다. 첫째, 내가 열정을 가지고 가장 기쁘게 할 수 있는 일이 무엇인지 찾는다. 둘째, 그것으로 세계 최고가 될 수 있는지 자문한다. '아니오'가 나오면 '예'가 나올 때까지 처음 답을 수정한다. 셋째, 그것으로 돈을 벌 수 있는지 자문한다. 아니라면 다시 처음 답을 수정한다. 세 꼭지가 선순환으로 돌아갈 수만 있다면, 그다음은 기하급수적인 성장이 가능하다는 것이다.

오가닉미디어랩의 책들은 이 전략을 통해 세상으로 나왔다. 나는 '살아 있는 네트워크'의 관점으로 모든 것을 보았다. 제품과 서비스, 시장과 미디어, 사회를 보았다. 이 틀은 쉽게 손에 잡히지가 않아 사람들에게 하나하나 차근차근 설명을 해야 했고, 그 콘텐츠를 만드는 것은 고통스럽지만 희열의 과정이었다. 생각의 변화를 만들어 가는 사람들을 보며 보람도 느꼈다.

이 분야에서 세계 최고가 될 수 있느냐는 질문에 '예'라고 답했다. 이미 존재하던 영역이 아니라 내가 수풀을 헤치고 개척한 분야였기에 이 길에 아무도 없었다. 어쩌다 돌연변이로 시장에 던져진, 오직 나의 일이었다. 돈을 벌 수 있다는 답을 검증하는 데는 약 4년이 걸렸다. 강연처럼 혼자 하는 것이 아니라, 전략의 선순환이 스스로 돈을 버는 것을 말한다.

그때가 2017년 봄이었다. 조금만 일해도 결과물은 커지기 시작했고, 돈은 더 많이 벌리는데 바쁘지 않았다. 프랑스 남부에서 한 달을 보낼 계획을 세웠다. 내가 피라미드 세상에서 계획할 수 있었던 정점이 눈앞에 있었다. 이제부터 시간과 돈과 명예와 업적을 누리기만 하면 될 일이었다. 나는 행복했다.

죽음의 문턱

처음부터 자신의 인생이 어떻게 펼쳐질지 알고 있는 사람은 없다. 설계한 대로 되지 않는 것이 인생이다. 종합검진을 하던 중 내 몸에 이상이 있음을 알게 된 것이 바로 이때였다. 수술을 하지 않으면 얼마나 위급한 상황인지 알 수 없다는 진단이었다. 현대인의 병이라고 부르는 이 불청객으로 많은 사람이 죽는다. 얼마나 자랐을까, 내게 이런 일이 벌어질 리 없는데, 믿을 수 없어서 부정했고 두려웠고 며칠 동안 잠을 잘 수도 없었다.

거실을 둘러보았다. '이게 다 무슨 소용인가' 우스웠다. 그동안 사서 모은 세간살이가 너무 많았다. '이 집에는 예쁜 오브제가 아니면 들어오지 못한다'는 농담을 들을 정도로 꾸미는 것을 좋아했다. 부엌살림도 너무 많았다. 온갖 책들이며, 장식들이며, 꽃병이며 보기만 해도 어지러웠다. 그래도 늘 모자라서 더 할 것이 없을까 둘러보곤 하던 집이었다. 옷도 너무 많았다. 늘 입을 옷이 없었는데, 언제 이렇게 사들였는지 현기증이 났다. 서재로 가서 우리가 그동안 심혈을 기울였던 오가닉 시리즈 책을 보았다. 우리의 자식이라고 했는데, 종잇조각에 불과했다. 무엇을 위해 달려온 것인가.

죽음의 문턱이었다. 숨이 찼다. 더 이상 붙들고서는 견뎌낼 수 없었다. 내려놓아야 했다. 3일이 꼬박 지나서야 울음이 터져 나왔다. 내 힘으로 할 수 없다고 고백했다. 내가 쌓은 모든 것이 죽음 앞에서는 한낮 허구였다. 인생의 절정이라고 생각했던 삶은 내가 아니었다. 나는 없었고, 그 대신 내가 쌓은 피라미드가 있었다. 운이 좋았던 나는 늘 받은 것이 많다고 생각했나. 그래서 빋은 것을 세상에 환원하는 일을 하며 멋지게도 살고 싶었다.

그러나 나의 실체를 보게 된 것은 죽음의 실체를 경험한 다음이었다. 내게 행복감을 준 것은 피라미드 안에서의 안락함이었다. 나는 타인의 기준으로 측량되는 더 높은 피라미드를 쌓아왔다. 그리고 스스로를 가둬 왔다. 명분과 평판은 앞으로 가도록 힘을 주는 동력이었다. 나는 힘겹게 회사 생활을 하며 오늘을 희생하는 사람들이 딱하고 안타깝다고 생각해 왔다. 스스로 영악하고 지혜롭게 삶을 설계했다고 자부하고 있었다. 그러나 다르지 않았다. 스스로 피라미드의 함정에 놓여 있었다. 죽음 앞에 서서야, 비로소 피라미드에 깔려 소멸한 내 자유의 잔해를 보았다.

내 피라미드의 역사

프랑스 유학 시절, 학위를 받더라도 학연이나 지연·혈연으로 갈 곳이 없다는 것은 진작부터 알고 있었지만, 잘 안 되기를 바라는 사람들의 기대에 부응하고 싶지는 않았다. 처음에는 도통 말을 알아들을 수가 없었다. 개선장군처럼 떠난 유학길은 열등감으로 시작되었다. 모든 수업을 녹음하고 밤을 새워 받아 적었다. 그래도 들리지 않는 대목이 더 많으니 프랑스 학생의 노트를 빌려 대조해 가며 완성했다. 그러다 내가 더 높은 성적을 받았다는 사실을 알게 되고 그녀는 더 이상 노트를 빌려주지 않았다. 대학원으로 올라갈 때 즈음에는 내 노트를 친구들이 빌려 가는 상황이 되었다. 동정보다 인정을 받는 위치가 되니 보상을 받은 것 같았다.

한국에서 유학 온 몇몇 사람들은 한국에서 사회학을 전공하지 않은 내가 그래도 갈 곳은 없을 거라며, 주는 것도 없으면서 달가워하지 않았다. 그래서인지 돌아가면 무엇으로 먹고살게 될지 기대와 걱정이 늘 있었다. 프랑스에 남을까도 생각했지만 이방인의 삶은 한계가 있었다. 소시민으로 살고 싶지 않았다. 학계 피라미드에서 줄을 서서 차례를 기다리는 것이 아니라면 나는 무엇을 할까. 아마도 내가 만든 독립형 피라미드를 본격적으로 준비한 것은 그때부터였던 것 같다.

집으로 돌아와 대기업 임원 명함으로 살 때에는 모두가 나를 대단하게 바라봐 주었다. 갑자기 높은 피라미드로 올려졌다. 그런데 그 자리는 여간 불편하지가 않았다. 대기업의 피라미드는 굉장히 부지런한 사람에게만 적합한 것이어서 나처럼 게으른 경우는 견디기가 어려웠다. 이곳은 위와 아래를, 심지어 옆도 돌봐야 했고, 내게는 그런 능력이 없었다. 게다가 해보고 싶은 것은 참지 못하니, 당시 창업에 대한 용감한 결정은 필연이었다.

명함이 바뀌자 갑자기 피라미드는 흔적도 없이 사라졌다. 그동안 사람들에게 존중받은 것은 내가 아니라 내 자리였다. 나는 이제 아무것도 아니었다. 원점이었다. 하지만 그때는 그런 인식이 있을 리가 없었다. 전쟁터에서 빗발치는 총알을 막으며 전쟁 중이었다. 살아 있는 시장을 만나 살아 있는 네트워크를 다시 몸으로 배우게 되자, 혼자서 비밀로 간직할 수가 없었다. 글을 쓰기 시작한 뒤에야 한 명의 청중도 없는 곳에서 또 새로 시작한 피라미드라는 것을 알게 되었다. 그렇게 또 다시 쌓았다.

상관없었다. 차곡차곡 가야 할 길을 갔고, 오가닉 시리즈가 태어났다. 그 후편은 여러분이 알고 있는 바와 같다.

내 가면의 발견

이것은 내 피라미드의 역사다. 지금은 스스로 피라미드라고 거침없이 부르지만, 그동안 단 한 번도 알아챈 적은 없었다. 여태껏 나는 세상의 피라미드 밖에 있다고 믿어 왔다. 내 길을 나 스스로 개척했으니 내가 주인이라고 믿어 왔다. 일렬로 줄을 서서 피라미드 위로 올라가는 사람들의 삶을 동정했다. 아무도 나를 구속하지 않았고, 구속할 수도 없는 환경을 끊임없이 만들기를 두려워하지 않았다. 그런 내가 피라미드 안에 있을 리가 없었다.

바로 그 믿음이 내가 쓰고 있던 가면이었다. 쌓고 올라가기를 반복하면서 나는 피라미드를 인지하지 못하게 된 것일 뿐, 피라미드 밖에 있었던 적이 한 번도 없었다. 나를 구속해 온 것은 나 자신이었다.

타인이 인정해야 오를 수 있고, 스스로는 올라갈 수 없는 것이 암묵적으로 합의된 피라미드의 원칙이다. 타인이 주인이며, 나는 순응해야 하는 피동자다. 피라미드는 타인의 평가, 세상의 평가를 통해 한 단계 위로 올려지는 경험이 시작될 때, 더 높이 올라가고 싶은 충동이 일어날 때 형체를 드러낸다. 가면은 내가 이 피라미드의 주인이라고 말하며 나를 이끌었다. 타인과의 경쟁과 타인의 인정으로 지어진 세상의 피라미드에 '나'는 없었다.

죽음의 문턱은 비로소 그 밖으로 나올 수 있는 문이 되었다. 그리고 문득 공기처럼 가볍고 먼지처럼 작은 나를 처음으로 바라보았다. 새로운 세상이 여기 있었다.

초등학교 때 일이다. 수업 시간은 언제나 내게 길고 힘든 고
난의 시간이었다. 재미도 없었고, 집중도 어려웠다. 그래서 나
는 자주 자리에서 일어나 맨 뒤로 휴지를 버리러 갔다. 숨소
리도 나지 않게 조용하고 엄격한 시간, 오직 선생님의 목소리
만 공간을 가득 메우는 시간, 공기도 흐르지 않을 것 같은 정
적의 공간에서 나는 벌떡 일어나 당당하게 뒤로 갔다.

　모두 앞을 보고 있을 때 뒤로 걸어가면 그렇게 기분이 좋
을 수가 없었다. 참았던 숨을 갑자기 쉴 수 있었다. 약간의 불
안감과 두려움, 그러나 말할 수 없는 해방감을 안고 뒤로 향
했다. 하면 안 되는 행동이라는 것을 짐작하고 있었지만 초등
학교 3학년, 휴지는 휴지통에 버리라는 가르침을 실천 중이
니까 당당하게 걸어갔다. 휴지를 버리고 자리로 되돌아오는

시간이 얼마나 짧고 아쉬웠던지, 지금도 그 느낌을 세포가 기억하고 있다.

그러던 어느 날 학급 토론회에서 그 얘기가 나왔다. 반장과 부반장이 진행하는 주간회의 시간에 누군가 안건으로 '수업 시간에 휴지를 버리러 가지 않으면 좋겠다'라는 제안을 했고, 만장일치로 통과되는 현장에 내가 있었다. 내 얘기라는 걸 단번에 알았지만 그 친구는 나를 배려하느라 이름을 말하지 않았고, 나도 조용히 찬성표를 던지고 그 이후로는 수업 시간에 자리에서 일어나지 않도록 자제했다.

이런 많은 순간을 지나 어른이 되었다. 어른이 된다는 것은 무미건조하고 규격화된 어떤 곳에 소속되는 것을 스스로 허락하는 과정이었다. 사회란 이런 것이다. 서로를 위해 지켜야 할 규칙과 질서를 함께 세우고, 서로를 존중하는 관계를 배우고 성장하며 갈 바를 알게 된다. 한편으로는 책임을 져야 하는 답답한 지경이 되는 일이지만 벗어날 수도, 거부할 수도 없는 어떤 단계를 스스로 받아들이는 순간을 지난다. 통과점이 변곡점이다. 휴지를 버리러 가는 자유를 잃었지만, 학급의 권유를 받아들인 나를 스스로 칭찬해 주었다.

강아지의 발견

담임 선생님들은 내 성적표에 항상 "주의가 산만하다"라고 썼다. 나는 어렸을 적부터 참을성은 없고 혼자 공상하는 시간만 많았다. 처음에는 정확한 뜻을 알기가 어려웠다. 하지만 뭔가 내가 잘못하고 있고 부모님에게 보여주기 부끄러운 평가라는 것쯤은 눈치로 알았다. 다행히 부모님은 그에 대해 꾸지람을 하지 않았지만, 나는 오랫동안 스스로 집중력과 지구력이 부족한 아이라는 열등감과 함께 살았다.

나는 요즘 집 앞 산에 자주 오른다. 겨우내 말라비틀어진 나뭇가지를 보며 저런 데서 정말 잎이 다시 나올까 볼 때마다 의심스러웠는데, 어제는 이파리 정도가 아니라 하루 만에 꽃이 핀 것을 발견했다. 사실 매년 겪는 일이지만 매번 그렇게 신기할 수가 없다. 함께 산책하는 동반자는 이런 내가 강아지 같다고 한다. 뭐 그렇게 볼 것이 많고 놀랄 일도 많은지 도무지 앞으로 직진해서 갈 수가 없단다. 하지만 길 가운데로 걷지 않고 길과 풀숲의 경계로 가다 보면 늘 많은 일이 일어난다. 자석처럼 나는 늘 거기 가 있다. 그런 길을 걷는 내가 좋다. 평생 가운데 길만 걸어온 이 사람도 어느새 그런 산책을 좋아하게 되었다는 것을 나는 알고 있다.

나는 지금 자유롭다. 산만하고 지구력이 떨어지는 열등감

대신, 지치지 않는 호기심이 내 삶에서 많은 것을 경험하고 발견하게 도와주었다. 지금도 새로운 것을 발견하기를 즐기는 마음이 마르지 않는다. 집중해서 사랑할 것을 만났을 때 밤을 새워 산을 넘는 희열을 수년간 경험할 만큼 집중력과 지구력이 내 안에도 있음을 알았다. 세상으로 향한 더듬이가 좀 다르게 생겼을 뿐 매우 정상적이며 건강한 정신의 소유자였다.

여기서부터가 질문이다. 잠시 선생님의 칠판으로 돌아가 보자. 무엇이 적혀 있었을까? 모두가 바라보던 칠판에서 우리는 무엇을 배우며, 무엇을 향해 나란히 앉아 있었을까? 그 이후로도, 어쩌면 지금까지 계속 우리가 바라보고 있는 앞면의 정체는 무엇인가? 서로의 뒤통수만 바라보며 일렬로 서서 달려온 우리는 칠판에 집중할수록 더 훌륭한 사람이 된다고 배웠다. 하지만 훌륭한 사람은 어떤 사람인가?

그 교실이, 매체가, 나를 가르친 모든 공간이 혹시 피라미드로 올라가는 법을 배우는 공장은 아니었을까? 받아들이고 순응하는 능력보다 새로운 것을 발견하는 능력은 왜 우려스러운가? 아직 발현되지 않아 눈에 보이지 않는 것은 왜 없는 것인가? 앞사람의 뒤를 보고 달리다 보면 어느새 모두 계단을 오르고 있다. 왜 올라가야 하는지 묻지 않고 계속 따라간다. 왜, 어디로 가고 있는가?

칠판의 앞면

순위로 정해진 세상의 질서는 미래에 집착한다. 하지만 미래는 어느 시점이며, 행복의 기준은 무엇인가? 더 좋은 학교와 덜 좋은 학교가 있고, 더 좋은 직장과 직업, 덜 좋은 직장과 직업이 있다. 시험 성적에 따라 위 또는 아래에 있는 학교에 진학하고, 나에 대한 사람들의 평가도 결정된다. 학교를 졸업하면 순위에서 자유로울 것 같지만 직장에서 좀 더 혹독한 순위 경쟁이 본격적으로 시작된다. 경쟁해서 올라가야 하는 피라미드 구조가 회사의 조직도다.

입시는 어느새 문화가 되었다. 학교와 학원을 오가며 편의점이나 차에서 김밥과 햄버거로 끼니를 해결하는 하루가 피할 수 없는 길처럼 강요된다. 가끔은 불이 나도록 매운 떡볶이를 먹어 줘야 스트레스가 날아갈 것 같다. 아이들은 잠도 줄여 가며 미래의 행복을 위해 투자하는 중이다. 미래는 내일이 되어야 올 것 같지만, 내일이 되면 새로운 내일이 오고 미래는 손에 잡히지 않는다. 도달해야 하는 목표가 되는 순간, 미래는 우리 삶에서 영원히 오지 않을 허구다.

행복의 기준은 사회가 정해 놓았지만, 그 기준대로 따라가서 정말 행복해졌다는 사람을 보지 못했다. 시대가 변해도 칠판의 앞면이 만들어 낸 공식은 오랫동안 변하지 않는다. 우리는 어디서 와서 어디로 가는지 오늘을 묻지 않는다. 더 많은 돈, 더 높은 지위, 더 큰 명예, 더 높은 사회적 위치가 나의 오늘을 결정하기 때문이다. 우리 스스로 만들고 순응하며 사회적 위계 안에서 질서 정연하게 움직인다. 우리 삶의 서사는 성공을 향해 가는 여정이 되었다. 칠판의 앞면은 여기에 쓰임이 있다.

하지만 미래로 향하던 우리의 여행은 이제 더 이상 늦출 수 없는 어느 경계 지점, 극단의 지점까지 다다랐다. 모든 것이 연결된 환경은 예측이 어려운 복잡한 세상을 만들었다. 살아 있는 네트워크가 되었다. 연결이 지배하는 이 세상은 거대한 생명체로, 모든 작은 작용이 전체에 영향을 준다.

여기서는 그 어떤 조직도, 관계도, 시스템도 스스로 유기체가 되어 빠르게 적응하지 못하면 도태된다.[1] 세상의 진화와 파괴가 동시에 가속도로 진행되고 있다. 물리적 생산 능력이 기하급수적인 성장을 하는 동안, 세상의 모든 관계는 끊어졌다. 이웃과의 관계, 인간과 자연의 관계, 끊어진 인류 생태계 속에 나 자신이 있다. 여기에 대응하는 방법은 더 빠른 걸음으로 앞을 보고 달리는 것이 아니라, 본질의 변화를 들을 수 있는 절대적인 시간이다. 하는 것이 아니라 듣는 것이며, 가는 것이 아니라 보는 것이며, 답하는 것이 아니라 묻는 것이다. 칠판 대신 나를 바라보는 것이다.

아이들은(우리는) 대학에 들어가도 미래를 만나지는 못할 것이다. 인공지능은 하룻밤 새 책 한 권을 번역하고, 법률 문서를 만들고, 수십 년간 습득해야만 하는 것들을 이미 전구에 전력이 흐르듯 단번에 알고 있다. 우리의 도움 없이 스스로 배우고 성장하는 가운데, 세상의 노동력을 무한대로 확장하게 될 것이다. 어른들은 지금의 공부가 곧 무용지물[2]이 될 것을 알고 있어도, 시대의 흐름이 빨라진다고 현재의 시스템이 유연하게 바뀌는 것은 아니다. 우리가 체득해 온 관성이란 그런 것이며, 이익을 중심으로 한 세상의 촘촘한 이해관계는 그런 것이며, 나 자신보다 다른 사람의 평가가 더 중요한 세상이란 그런 것이다. 가 보지 않은 길은 실패의 확률이 높은 길이므로 지금 여기, 이대로가 좋다.

연결이 지배하는 이 세상은 지금까지 우리가 만들어 온 가치에 대해 피할 수 없는 질문을 던지고 있다. 다만 이에 반응하는 것은 아직 우리의 촉각뿐이다. 우리는 들을 시간이 없고, 멈출 시간이 없으며, 돌아볼 용기가 없다. 여전히 다른 사람들보다 높이 올라가야 한다고 한다. 좋은 대학을 가고 승진을 하면 타인이 축하할 일이라고 평가해 주고, 그래서 나도 자랑스럽다. 행복은 내 안에 있지 않고 타인의 평가 안에 있다. 꼭 조직도 안에 있지 않더라도, 나처럼 독립형 피라미드에 입주한 사람도, 어디에 있든 사회관계 안에 있다면 같은 원리가 적용된다. 그러나 세상의 시선 속에 존재하는 행복은 허구다.

존재적 빈곤

우리는 부자로 태어나 가난하게 죽는다. 유일한 존재인 내가 가지고 태어난 것들, 저마다의 사랑스러운 것들에 주목할 시간이 없기 때문이다. 생명이 자라나고 죽을 때까지 기계처럼 착착 앞으로 간다. 가야 할 곳, 해야 할 일, 세워야 할 목표, 만들어야 할 가치, 모든 것들이 이미 정해져 있기 때문이다. 각자에게 주어진 본성을 스스로, 그리고 서로 바라봐 주며 발견할 수 있는 시간이 없다. 그런 것들을 발견하기 위한 시간과 노력을 우리 사회는 낭비라고 부른다. 돈으로 계량화되거나 사회·경제·문화적 자본으로 환산될 수 없는 노력은 낭비다.

나는 산책할 때 온통 초록으로 움트는 자연을 들여다보고 감탄할 수 있다. 동반자는 100미터도 더 떨어진 곳에서 산책 중인 남의 집 강아지도 볼 수 있다. 누구는 보이는 대로 그릴 수 있고, 누구는 보이는 대로 쓰고 노래할 수 있으며, 또 누구는 왜 저렇게 보이는지 쉽게 알아챌 수 있다. 누구는 빠르게 이해하고, 누구는 대상의 장점을 볼 수 있다. 누구는 말을 잘하고, 누구는 가만히 생각할 수 있다. 누구는 있는 그대로를 보는 눈을 가졌으며, 누구는 기다릴 줄 아는 인내심을 가졌으며, 누구는 돕는 기쁨을 알고, 누구는 들어줄 줄 아는 귀를 가졌다.

우리에게는 각자가 가지고 태어난 본래 모습이 있다. 누구도 빼앗을 수 없는 오직 나의 것이다. 사회의 체계 안에서 주어진 역할의 정의와 표본에 충실할수록 기억해 내기 어려운 본래의 나를 볼 수 있는 능력이자, 세상을 발견하는 각자의 렌즈다. 돈으로 환산될 수 없는 가장 숭고한 것, 생명이다. 생김새도 성향도 성격도 능력도 다르며, 세상을 바라보는 눈도 표현하는 방식도 다르다. 그래서 서로를 마주 바라볼 수 있는 능력을 이 생명 안에 우리는 이미 가지고 있다.

그렇다면 모든 것이 넘쳐나는 풍요의 시대에 우리에게 절대적으로 필요한 것은 무엇인가? 모두 보고 있는 칠판, 내게 요구되는 정답에 대한 불편하고 사치스러우며 쓸데없어 보이는 질문을 시작하는 것이다. 앞으로 가는 거대한 사회의 흐름 안에 있을 때는 이것을 우리는 정도에서의 이탈, 전체에서의 소외, 뒤를 돌아보는 시간의 낭비, 또는 낙오라고 평가할 것이다. 선생님이 요구하는 정답을 정확히 맞히는 훈련을 수십 년간 해온 우리에게는 정답에서 반드시 멀어져야만 하는 이 여정이 굉장히 낯설 것이다. 가 보지 않았고, 돈으로 환산하기가 어려우니 가치가 없을 것이다.

그러나 놀랍게도 이 거대한 세상의 체계를 바꿀 수 있는 힘이 단 한 사람, 나에게 있다.

내가 어디서 와서 왜, 어디로 가고 있는가에 대한 본질적인 질문이 나를 진정한 풍요로 인도하는 여정의 시작이다. 세상의 진정한 풍요가, 내가 던지는 질문과 발견 안에서 시작된다. 각자가 찾은 각자의 렌즈가 서로의 발견을 도울 것이다. 정답을 맞히는 능력이 아니라 질문하는 능력, 소유하는 능력이 아니라 나누는 능력, 올라가는 능력이 아니라 협업하는 능력이 물질이 넘치는 풍요의 시대에 서로를 존재적 빈곤으로부터 구해 줄 능력이다.

03 가면무도회

Masquerade

내 별명은 진돗개다. 한번 물면 놓지 않는다고 한다. 워크숍에서 내 역할은 질문자다. 끝까지 포기하지 않고 진정한 답을 본인이 찾아낼 수 있을 때까지 질문이 꼬리에 꼬리를 잇는다. 누군가는 살을 다 발라내고 생선 뼈만 남는 과정이었다고 표현하기도 했다. 사람들은 '이 정도면 충분히 나온 것 같다, 너무 좋은 시간이었다'며 황급히 마무리를 시도하기도 한다. 무의식적으로 도망갈 문을 찾는다. 진심이라는 것도 안다. 하지만 99도에서는 물이 끓지 않는다.

대부분은 문제를 직면하는 대신 질문자인 나를 설득하기 위한 답을 한다. 스스로도 그것이 답이라고 믿고 있다. 그 논리적인 답들이 스스로도 속이고 있었다는 사실을 알아차리기까지 시간이 걸린다. 피하고 싶어 문고리를 찾는 고통의 시간이다.

이러한 과정을 거쳐 찾아가는 것이 'Why'다(프롤로그 참고). 질문이 이어지다 보면 한 단계씩 더 깊이 내려간다. 답을 찾은 것 같지만, 그 밑에는 한 겹이 더 있다. 그 한 겹을 더 벗겨내고 한 차례 더 답에 가까워진 것 같지만 끝이 아니다. 계속 들어가야 한다. 그래서 본래 던져야 할 질문, 발견해야 할 문제에 다다른다. 그렇게 마치 양파 껍질을 벗기듯이 가면을 한 겹씩 스스로 벗으면서 진정한 '왜'를 스스로 찾아내게 된다.

보통은 우리 회사의 존재 이유, 나의 일, 해결해야 할 문제 등에서 시작하는데, 바로 이런 과정 때문에 어김없이 가면이라는 단어를 마주할 수밖에 없는 것이다. 심리 치료 시간도 아닌데 얼마나 당황스러운가. 내가 가면을 쓰고 있다니, 내내 불편하고 싫을 수밖에 없다. 처음에는 문장 자체를 이해하지 못하고, 그다음에는 가면이 왜 자기 얘기라는 것인지 어리둥절하고, 그다음은 기분이 나빠진다. 스스로 '왜'를 명확하게 찾게 되는 순간까지.

보통 가면은 나의 본래 모습과 의도를 상대방에게 숨기기 위해 필요하다. 나를 보호하기 위해 쓴다. 그런데 우리가 집중하고자 하는 것은 타인을 향해 있는 가면이 아니라, 내가 바라보는 가면이다. 내가 거울처럼 바라보고, 나 자신으로 인식하는 가면이다. 그래서 알아차리기가 어렵다. 하지만 내가 안다고 믿어 온 것, 믿어 의심치 않았던 것들을 직면하고 내려 놓을 수 있는 힘이 있어야 앞으로 갈 수 있다. 그 첫 번째가 나 자신에 대한 인식을 가로막고 있는, 내가 세상을, 관계를, 나 자신을 올바로 볼 수 없도록 막고 있는 내 가면이다. 이 글은 그 가면에 대한 인식을 돕기 위해 쓰게 되었다.

유일한 존재가 사는 평균의 삶

우리는 모두 세상에서 단 하나뿐인 유일한 존재로 태어난다. 모두가 각자의 본성을 지닌 개체로 세상에 나온다. 눈을 뜨고, 가족을 만나고, 사랑을 배운다. 친구를 사귀고, 학교를 가고, 직장을 찾고, 결혼을 하고, 아이를 낳고, 열심히 살아간다. 집도 장만하고, 승진도 놓쳐서는 안 된다. 아이 앞의 윤택한 삶을 위해 할 수 있는 최선을 다한다. 시간은 잘도 흘러 어느새 곧 정년이다. 노년까지 살아갈 수 있는 자금을 세어 본다. 남에게 피해 주지 않고 잘 누리고, 잘 죽는 것이 삶의 목표가 된다. 우리는 모두 유일한 존재로 태어나지만, 삶의 여정은 거의 유사하다.

이 순서가 한 인생의 평균이라면, 사랑하는 가족과 열심히 살아온 삶이 그런 대로 아름다워 보인다고도 할 수 있다. 아이도 없고, 내 경우는 다르다고 하는 독자들도 있을지 모르겠다. 그러나 나는 가면이라는 주제를 통해, 모두 유일한 존재로 태어나 왜 사회적 평균값을 기준으로 고군분투하며 살다가 죽는 것인지 알아보려고 한다. 열심히 산다는 것이 실은 무엇을 위해 어떻게 사는 것인지, 그 단면을 좀 더 상세하고 세밀하게 낱낱이 들춰 보려고 한다. 나를 포함한 우리 모두가 쓰고 있지만 나와 하나가 되어 스스로를 속이고 있는 가면의 실체가 드러나기까지.

가면의 종류

우선은 도대체 무엇을 가면이라고 하고 있는지, 종류부터 몇 가지 살펴보자. 글로 정리를 하다 보니 가면의 종류만으로도 책이 한 권은 필요하겠다 싶다. 하지만 우선은 이 불편하고 어려운 주제를 공감하고 끝까지 읽고 생각할 수 있는 힘을 얻을 수 있을 정도면 충분할 것 같다. 우선 간단히 예시를 살펴보고 우리가 가면을 다루게 된 이유, '가면의 양면성'에 대해 알아보고자 한다.

이어지는 글에서 본격적으로 우리에게 왜 가면이 필요해졌는지, 세상의 작동 원리에 대해, 그리고 가면을 인지함으로써 시작될 새로운 세상에 대해 이야기하고자 한다. 한 가지 당부할 것은, 다음의 가면들이 잘못되었다고 비난하는 것이 아니다. 저자인 나도 쓰고 있다. 여기서는 가면의 예시와 속성에만 집중하고, 그 이유에 대해서는 다음 글에서 차분히 정리하기로 한다.

착하니즘 가면

모두에게 친절하다. 그런데 친절하려고 애쓰는 만큼 스스로 고갈된다. 겉과 속이 같다면 스스로 고갈될 이유도 없다.[1] 더 채워진다. 나서서 청소하면서 채워지고, 쟤는 왜 돕지 않나 화가 나지도 않는다. 나는 이렇게 친절한데 쟤는 왜 고마운 줄 모르나 서운해할 이유가 없다. 겉과 속이 같으면 착하니즘 가면은 필요가 없다. 하지만 선한 행위가 (종교 집단에서처럼) 착해야 한다는 강박에서 나온 경우는 다르다. 위선, 즉 선을 가장한 이기심이라는 평판을 듣지 않도록 철저하게 써야 한다. 그래서 상대방도 속이고 나도 속을 만한 착하니즘 최면이 필요하다. 세상을 향한 선함과 나를 속이는 위선 사이, 나는 어디에 있는가?

예스 가면

거절이 제일 어렵다. 어려운 일이든 할 수 없는 일이든, 시간이 있든 없든, 일단은 모두 떠안는 사람들이 쓴다. 이 가면은 인간관계에서 갈등을 싫어하는 사람들에게 필요하다. 겉으로 보기에는 매사에 긍정적이고 적극적이고 성품도 선해서 없는 시간도 쪼개서 할애해 주고, 상대방이 요청하는 모든 업무에 프로페셔널하게 임하는 자세를 보여준다.

하지만 예스 가면 입장에서는 다른 옵션이 없다. '제가 해 드리겠습니다' 또는 '예, 알겠습니다'로 일단 답하고 혼자 수습하기 위해 힘들다. 그렇지 않으면 갈등 상황을 대면하거나 관계가 복잡해질 수 있기 때문이다. 다음 계약이 어려울 수도 있고, 고객 또는 지인이 불편하게 느낄 수도 있다. 상대방의 요구는 이때 정당화된다. 무엇보다 상대방은 당사자가 '예스'를 할 수밖에 없음을 암묵적으로 알고 있다. 하지만 더 큰 문제는 나 스스로 그것을 당연한 일이라고 생각한다는 것이다. 지켜지지 못할 '예스'가 시간에 쫓기다 보면 나의 의도와는 달리 거짓말쟁이가 되기도 한다. 빚이 커진다. 가면을 상대방을 향해 쓴 것처럼 보이지만, 사실은 나 자신이 보고 있는, 나를 만들어 가는 거울이다.

괜찮아 가면

괜찮지 않은데 괜찮다고 한다. 서점에 가면 쏟아져 내리는 위로의 책들이 이 가면이 옳다고 부추긴다. 무엇이 괜찮은가? 남들도 나처럼 힘들어서 괜찮은가? 직장 생활의 어려움, 부모의 기대에 부응하는 자녀로 살아가는 스트레스, 지치고 험한 세상에서 살아가기 위한 반창고라도 있는 것인가? 누구보다 나 자신을 속이는 가면이다. 왜 괜찮지 않은데 괜찮다고 하고 있는지, 가면을 만져 보아야 한다. 왜 무엇을 위해 인내하며 반창고에 의존하고 있는지 물어야 한다. 본질적인 질문을 찾아야 한다.

필란트로피 가면

이 가면은 비싸다. 돈으로 사회적 명예를 사야 쓸 수 있는 자격이 주어진다. 자선charity 또는 필란트로피philanthropy의 행위를 통해 나의 부를 드러내고, 사회적 존중도 얻는다. 자선과 필란트로피 등은 대가를 바라지 않고 내가 가진 것을 내어주는 범주에 있다. 무조건적으로 내어주는 행위 자체가 잘못되었다는 뜻이 아니다. 그런데 남을 돕는 비중과 나를 돕는 비중 중 어느 쪽이 큰가? 전자라면 내가 돕고 있다는 인식 자체를 하지 못한다. 겉과 속이 같은 경우다. 반면 나를 돕는 비중이 더 큰 경우라면 꼭 써야 하는 가면이다. 남이 알아주지 않는다면, 돈만 낭비하고 사회적 존중 따위를 대가로 얻지도 못하기 때문이다.

특히 요즘 자주 등장하는 필란트로피는 인류의 발전과 정의를 위해 조직화된 기구 등에 돈을 기부하는 행위로 나타나고 있다. 언젠가부터 세계적으로 부를 축적한 사람들의 커뮤니티처럼 인식되기도 한다(예를 들어, 더기빙플레지^{The Giving} ^{Pledge2}). 왼손이 한 일을 오른손이 일부러 알 수 있게 하는 것은 더 많은 사람이 이 대열에 합류할 수 있도록 독려하기 위한 선한 의도인가, 더 위로 올라가고 싶은 욕구, 결과적으로 나를 돕기 위함인가? 후자라면 가면을 인지하지 못한 채, 순전한 선함이라고 스스로 믿으며 욕구를 충족하는 상태에 머물러 있다.

동기화 가면

상사 또는 나를 평가하는 사람의 생각이 곧 내 생각이라고 믿는다. 내 것이 아닌데, 내 것이라고 착각한다. 상대방도 그렇게 믿고 있고, 심지어 나도 그렇다. 조직에서 고객의 문제를 해결하기 위해 일하지 않고 상사를 위해 일한다. 그의 칭찬과 인정이 내 존재감이 된다. 그런데 이것은 단순히 승진을 위해 눈치를 보는 정도보다 심각하고 섬세한 가면이다. 왜냐하면 내가 보지 못한 것을 마치 본 것처럼, 모르는 것을 아는 것처럼, 없는데 있는 것처럼, 내 것이 아닌데 내 것인 것처럼 행동해야 하기 때문이다. 그러려면 나 스스로 그렇게 믿어야만 한다. 바로 이때 가면이 등장한다. 내가 가면과 먼저 하나가 되면 상대방을 속이는 것은 쉽다. 적어도 가면의 유효기간이(주어진 관계가) 끝날 때까지는.

역할 가면

주어진 역할이 내 이름표다. 사회라는 연극 무대의 등장인물인 내게 주어진 역할[3]을 말하는 관점이 아니다. 사회적인 기대에 부응하기 위해 역할에 맞는 가면을 쓰는 경우다. 대표는 대표다워야 한다. 무거운 책임만큼 권위도 있어야 하고, 말이며 행동이며 옷이며 사회가 기대하는 이미지가 있다. 거기서 벗어나면 보는 사람들을 불편하게 한다. 교수다워야 하고, 학생다워야 하고, 목사다워야 하고, 나 자신 말고 '나의 역할다워야' 한다. 처음에 익숙하지 않을 때는 불편하고 거추장스럽게 느껴지지만, 점차 가면이 나 자신이 된 것 같은 착각도 든다. 나는 없고 역할만 남는다. 이 가면이 내게 말한다. 겉과 속은 원래 다른 것이라고, 그것이 사회 구성원으로 살아가는 방법이고, 투명한 것은 불편한 것이라고 내게 말한다. 역할이 끝나면 사람들은 나의 맨 얼굴을 보게 되는데도 나는 여전히 가면 속에 있다.

가면의 양면성

가면에는 양면성이 있다. 동전의 앞면과 뒷면같이 양면으로 존재하는 가면에 대한 명확한 이해가 여기서 필요하다. 보통 가면은 나를 감추기 위해 쓴다. 세상으로부터 나를 보호하기 위한 장치다. 다른 사람이 바라보는 내 모습이며, 일반적으로 우리가 인식하고 있는 가면의 정의이기도 하다. 그래서 역할 가면은 반드시 부정적인 의미로 사용되지 않는다. 사회라는 무대에서 나의 역할을 충실하게 수행하기 위한 적절한 옷이 될 수 있다. 역할 수행을 위한 제복, 태도, 규범 등은 사회적 상호작용의 규칙을 돕는다.

이 글에서 우리가 주목한 것은 가면의 안쪽이다. 밖에서 보는 가면이 아니라, 내가 보는 내 모습이다. 위에서 예시로 언급한, 그리고 수없는 예시가 더 남아 있을 저마다의 가면은 시간이 지남에 따라 나 자신을 설득하게 된다. 내 안으로 파고들어 내가 보고 있는 지금 그 모습, 가면을 통해 인지되는 그 사람이 원래 나라고 믿게 만드는 것이다. 가면이 표피가 아니라 내면화되는 과정을 거쳐 나와 하나가 된다.

가면의 내면화

열심히 살려고 한 것뿐인데, 왜 우리는 스스로를 가면을 통해 인지하게 되었을까? 저마다 유일한 존재임을 모르거나 숨기고, 스스로 부정하고, 그 대신 사회가 제시하는 가치를 위해,[4] 그래서 인정받기 위해 열심히 살아가야 하는 당위성 때문이다. 본래 유일한 존재인 내 신분은 모두가 인정하는 비슷한 삶

50

가면의 내면화와 양면성

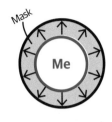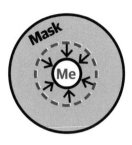

위 스키마는 가면이 나의 일부를 파고들어 내가 사라지는 과정을 표현한 것이다. 사회화 단계에서 필요했던 가면은 시간이 지남에 따라 나 자신으로 인지되고 나를 소멸시킨다.

의 여정을 걷기 위해 철저하게 숨겨진다. 가면은 모두 쓰고 있지만 도무지 알아채기 어렵다. 너무 강력해서 남을 속이는 것은 기본 기능이고, 스스로를 속이기까지 완벽하게 동작한다. 타인에게 보이는 나의 겉모습은 어느새 내가 되어 있다. 피부와 하나 되어 도무지 느껴지지도 않는다. 이대로 편안하다.

　나 스스로를 보호하는 도구인 가면은 어느새 나 자신이 되었다. 그래서 돌이키기가 어렵다. 가면은 사회를 인지하기 시작하면서 우리와 함께 자란다. 칭찬받기 위해 공부하고, 인정받기 위해 일하고, 마일리지를 쌓는 마음으로 교회에 간다. 가족 관계, 동료 관계, 사회관계가 모두 노력과 보상의 관계처럼 인식된다. 노력해야 사랑받을 수 있다고 믿는다. 이런 노력으로 힘을 쏟으며 공부하고, 일하고, 기부하고, 교제한다.

오직 우리가 마주하는 대상의 피드백을 통해 스스로를 인지하는 우리는[5] 아주 오랜 기간 다양한 방법과 수단, 합리화, 경험과 타협으로 가면을 만들고 기능을 향상해 왔다. 그렇다고 우리의 생명이 기계가 될 수는 없는 노릇이어서 대책이 필요했을 것이다. 결국 우리의 본래 모습과 세상의 작동 원리 사이의 간극이 커지면 커질수록 가면은 더 두터워져야만 하고, 나 스스로도 가면이 거추장스럽지 않고 오히려 하나가 됨으로써 편안함을 누리도록 스스로를 훈련시켜야 한다. 그 속에 숨으면 편하지만 거기가 가면 속인지 인지할 수 있는 기회는 쉽게 오지 않는다. 나도 그랬다.

기업 워크숍에서 회사의 존재 이유와 내가 왜 이 일을 하는지 논의하는 과정이든, 새로운 삶의 길을 찾는 개인의 차원이든 거의 같다. 삶을 통해 오랜 시간 머릿속에 주입되고 스스로도 다짐해 온 것들에 익숙해지면, 스스로 믿게 되는 단계에 도달한다. 그 과정이 우리 내면의 본래 모습을 기어이 바꾸게 된다는 것을 여러 사례를 통해 경험하고 깨닫게 되었다.

본인이 전심을 다해 찾고 싶은, 그 진실된 답을 위한 치열한 시간에도 마찬가지다. 워크숍처럼 그동안 알고 있던 것을 내려놓아야만 하는 시간에도 내면보다 가면의 언어로 말한다. 거짓말이 아니라 스스로 그렇게 믿고 있기 때문이다. 나와 하나가 된 가면은 어느새 나와 떼려야 뗄 수 없는 존재가 된 것이다. 그것이 본래의 모습이 아니라 오랜 기간 쓰고 있던 가면을 통해 본 나 자신이라는 것을 알게 되기까지는 놀랍게도 시간이 걸린다.

하지만 그 찰나를 지나면 문제는 굉장히 쉬워진다. 'Unlearn(배워 온 것을 비우기)'의 시간은 어렵지만, 그다음은 온전히 본래의 것을 발견할 수 있는 채비가 이미 되어 있기 때문이다. 질문과 답을 반복하며 계속 깊은 곳으로 내려가다 보면 처음으로 가면을 인지하게 되는 순간이 문득 온다. 내가 그랬던 것처럼, 많은 사람들이 어디서 기인한 것인지, 왜 눈물이 나는지 알 수도 없는데 흐르는 눈물과 당혹스러움을 주체하지 못한다. 장례식이다. 있는 그대로의 나를 처음으로 발견하게 되는 순간이다.

우리는 지금까지 발견의 시간보다 생산에 집중해 왔다. 평생 무엇인가를 만들려고 해왔다. 지구에서 끊임없이 무엇인가를 생산하고, 상대를 바라보는 시간을 갖는 대신 내 편으로 만들고, 손해 보지 않고 소유하려고 애쓰면서, 사회가 규정하고 인정하는 모범적인 모습을 만들어 내기 위해 노력해 왔다. 이러는 동안 우리가 잃어버린 것, 그 첫째는 본래의 나에 대한 '발견'이다.

세상으로부터 주입된 것, 주변으로부터 합의되고 강요된

것, 나도 모르게 믿게 된 것들에 대해 생각할 수 있는 힘, 배운 것을 거슬러 올라갈 수 있는 힘이다. 내가 갖고 태어났지만 보지 못한 것, 내가 마주한 대상이 본래 갖고 있지만 내가 있는 그대로 보지 못하고 편견을 통해 오히려 삭제한 것, 그래서 계속 무엇인가를 더 만들어 내려고 노력하는 시간 동안 고갈된 나 자신이다.

오랜 시간을 두고 천천히 내면화되어 나를 삼켜 버린 가면이라는 불편을 주제를 다루게 된 이유다. 고상하고 철학적인 인식이 아니라, 본래의 나를 발견하는 찰나는 매우 실제적이다. 그 후에는 들을 수 있다. 있는 그대로 볼 수 있다. 생각할 수 있다. 그 힘이 이미 내 안에 있다.

자유의 갈망

지금부터 어떤 과정을 통해 각자 각종 가면을 쓰고 살아가게 되었는지, 그 과정을 살펴보고 가면이 편하면 편해질수록 왜 속박은 더 강해질 수밖에 없는지 알아보려고 한다. 유일한 존재인 나와, 세상이 정의하는 나 사이의 불협화음을 여러분과 함께 듣고 싶다. 그 순간 자유에 대한 갈망이 여러분과 내 안에서 시작되기를 바란다. 이 책을 다 읽어 갈 즈음 가면이 매우 불편하고 거추장스럽게 느껴지기 시작한다면, 거기서부터

가 본래의 나, 유일한 존재로 태어난 나를 인지하는 지점이 될 것이다. 본래의 나에게 던지는 질문이 비로소 시작될 수 있다.

자유의 박탈은 외부로부터 오지 않았다. 자유는 체계로부터가 아니라 나로부터 시작된다. 자유로운 내가 깨우는 한 사람, 그 사람이 깨우는 커뮤니티가 체계를 만들고 새로운 세상을 만든다. 혁명이 내 안에 있다.

LIFE
MONEY

**풍요 속의
결핍**

WHY
TIME
BEING

04 돈의 작용 반작용
Action and Reaction of Money

우리에게 돈이란 무엇인가? 앞에서 다룬 존재적 빈곤의 실체를 알아보기 위해 피해 갈 수 없는 것이 돈이다. 돈은 살아 있다. 나와 인격적인 관계를 맺고 있다. 심지어 그 관계 속에서 성장한다. 인류의 사회관계는 돈을 매개로 형성되어 왔으며, 그 과정에서 돈은 이 사회관계의 주인이자 질서가 되었다. 그래서 우리의 첫 번째 존재적 질문임과 동시에 답을 찾아 줄 매개체가 돈이다.

돈이 우리 삶을 지배해 왔다는 사실은, 각자의 돈에 대한 인식의 문제를 벗어난다. 돈은 우리와 항상 같이 있지만(대출금도 돈이다), 눈으로 보고 셀 수 있지만, 돈의 작용은 보이지 않기 때문이다. 돈은 나와 사회의 상호작용을 통해 작동하고, 이 작동이 다시 우리의 관계를 정의한다.

지금부터 돈의 신뢰 작용, 중력 작용, 지배 작용을 차례대로 살펴볼 것이다. 이 과정에서 돈의 객관성, 등가성, 보편성을 돈의 본질적인 속성으로 정의하고, 돈의 작용이 만드는 반작용을 결론에서 맺을 것이다.* 이를 통해 우리의 존재로부터 돈을 분리해 내고, 돈의 실체를 밟고 서서, 여러분이 시작하게 될 새로운 질문을 목격하고자 한다.

돈의 신뢰 작용

불확실성으로 가득 찬 세상이다. 미래는 예측 불가능하고 누구도, 차고 넘치는 어떤 정보도 쉽게 믿기 어렵다. 이런 환경에서 나를 지켜 줄 주체가 있는가? 흔한 말로 믿을 수 있는 것은 돈뿐이다. 돈은 모든 불완전하고 불안전한 대상과 관계로부터 나를 장기적으로 안전하게 지켜 줄 수단이자, 그래서 목적으로 평가된다. 나는 아니라고 주장해도 이 사회적 질서가 작동하는 공동체의 일원으로 사는 한, 그 법에서 벗어나기 어렵다.

---

* 이 글은 게오르그 짐멜의 《돈의 철학》에서 수립한 이론에 기반하고 있다. 그가 없었다면 이 글은 세상에 나오지 못했을 것이다. 100년 전에 씌어진 그의 책들이 더 많은 사람들에게 읽히게 되기를 바란다.

돈의 신뢰 작용
Trust Action

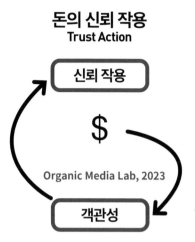

돈이 가진 객관성은 신뢰의 기준이 되었다. 그 결과 믿을 것은 사람이 아니라 돈뿐인 세상이 되었다.

"돈을 소유함으로써 얻는 개인적인 안정감은 어쩌면 국가적·사회적 조직과 질서에 대한 신뢰의 가장 집약적이고 명백한 형식과 표현일 것이다. (…) 노동 생산물과 교환한 화폐(상징적 기호들)에 대한 구체적 대가를 공동체가 보장해 주리라는 확신"[1]이다.

전통적으로 화폐였던 돈의 개념은 머지않아 블록체인 기반의 디지털 링크로 넘어갈 것이다.[2] 그러나 상징적 표현과 교환의 방식이 변한다고 해도 결코 변하지 않을 돈의 본질이 있다. 돈과 신뢰의 관계다. 돈은 첫째 신뢰를 전제로 하고, 둘째 신뢰의 대상이 되며, 교환 과정을 거쳐 셋째 신뢰의 결과를 차지한다.

신뢰의 전제

첫째, 돈의 교환 시스템을 보장하는, 조직에 대한 신뢰다. 교환가치를 국가에서 보장하든, 참여자들이 만드는 분산 네트워크의 유기체적 속성이 보장하든, 마찬가지다. 이번 달에도 연봉 계약서에서 약속한 월급이 지급될 것이라는 믿음, 그래서 월세를 낼 수 있다는 믿음이 있어야 일할 수 있고 잘 수 있다. 내가 제공하는 노동과 회사가 약속한 돈이 합법적으로 교환될 것이라는 믿음이 전제된다. 집주인 관점에서도 본인이 잠자리를 제공하면 이에 상응하는 월세가 들어올 것이라는 믿음을 전제로 공간을 빌려준다.

회사 사정이 어려워 월급이 밀릴 수도 있다. 하지만 정해진 시간에 노동의 대가를 받지 못하면, 그 즉시 회사와 내가 채무자와 채권자의 관계로 규정되고, 합법적으로 노동에 대한 보상을 요구할 권리가 생긴다는 암묵적 전제가 있다. 집주인의 입장에서도 마찬가지다. 돈에 대한 믿음은 교환 시스템에 대한 신뢰이자, 그 시스템을 보장하는 조직에 대한 신뢰를 전제로 한다.

신뢰의 대상

둘째, 돈은 신뢰의 대상이다. 돈이 가진 위대한 성질, '객관성' 때문에 가능하다. 돈은 그 어떤 객체의 가치에도 귀속되지 않는다. 월세가 어떤 방식으로 내 통장으로 들어왔는지, 누가 어떻게 번 돈으로 보냈는지는 중요하지 않다. 이번 달 대출이자를 낼 수 있는 돈이 통장에 꽂혀 있는지만 중요하다. 돈만이 믿을 수 있는 대상이며 실체다. 월세든 제품이든 서비스든 사람이든 무엇이든 간에, 돈은 모든 것을 매개하지만, 모든 것으로부터 분리되어 있다. 돈은 양적으로 환산하고 계량화할 수 있으며, 어디에도 속하지 않는다. 그래서 오직 돈만이 객관적인 가치를 지닌다. 이 객관성은 돈이 교환가치로서 사회질서를 만들 수 있는 토대가 된다.

"돈 자체가 사물들의 가치를 기계적으로 반영하며 모든 사물들에 동등하게 제공되듯이, 화폐 거래에서 모든 사람들은 동등한 가치를 가진다. 그 이유는 모든 사람이 가치를 갖기 때문이 아니라 오직 돈만 가치를 가질 뿐 그 어떤 사람도 가치를 갖지 않기 때문이다."[3]

우리는 돈 앞에서 평등하다. 그래서 역설적으로 돈을 많이 소유할수록 유리한 위치, 안정적인 위치, 높은 위치로 올라갈 수 있다. 직업과 신분, 특정 상황과 관계없이 모든 소유권은 돈을 많이 지불한 사람에게 가게 되어 있다. 이것이 사회적으로 공평한가에 대한 수많은 논의를 불러일으킬 수 있지만 상관없다. 돈은 모든 관점으로부터 독립적이며 자유롭다. 우리는 보다 안전하고, 공평하고, 자유롭기 위해 돈을 사용해 왔지만, 이 과정에서 가장 객관적인 가치는 오직 돈에 부여되었다. 돈의 객관성은 사회 전체를 돈에 절대적으로 의존하는 관계, 오직 돈에 의해 매개된 관계로 만들었다. 여기서 가장 자유로운 존재가 된 것은 우리가 아닌 돈이다.

신뢰의 결과

셋째, 그래서 신뢰의 결과 자리는 돈이 차지한다. 제품, 서비스, 노동력 등은 돈으로 환산되어 교환이 이뤄지는 순간 비로소 가치를 지닌다. 돈은 가치를 입증하고 검증하는 매개체다. 양적으로 환산하여 더 높은 가치와 더 낮은 가치를 가르고, 객관적으로 구별할 수 있게 돕는다. 더 우수한 능력과 덜 우수한 능력을 분별하도록 동일한 기준으로 계량한다. 더 위에 있는 사람과 더 아래에 있는 사람의 위치를 정한다. 이들의 모든 상호작용은 돈으로 끝난다. 돈은 가치를 생산·교환·소유하는 과정을 통해 얻어진 최종 결과물로 기록된다. 돈의 신뢰 작용으로 얻게 된 가치는 다름 아니라 내가 획득한 돈뿐이다.

돈의 중력 작용

그래서 우리 삶의 수단인 돈은 목적으로 쉽게 승격된다. 이 현상은 돈에 대한 원대한 꿈, 누군가의 엄청난 욕구, 특별한 계급에 국한되는 것이 아니다. 일상생활에서 우리가 인지하지 못하는 사이에, 참 작고 사소한 관계를 매개하면서 시작된다. 동료 관계, 가족 관계, 이웃 관계, 친구 관계를 만드는 매개체로서 돈이 개입되는 순간, 돈은 열심히 일하기 시작한다. 스스로 매개한 관계의 지배자가 되기까지.

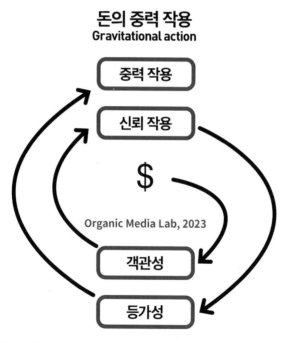

돈의 등가성은 돈의 중력 작용을 일으키는 원리다. 돈으로 환산되는 모든 것이 가장 낮은 가치로 수렴되는 동안, 중력 작용의 지배를 가장 크게 받게 되는 것은 나 자신이다.

훈훈함을 인색함으로

이 글을 쓰고 있는 한적한 마을에는 인심 좋고 사이좋은 이웃들이 있다. 봄이면 푸르른 텃밭의 제철 채소도 나누고, 음식도 만들어 나눈다. 그런데 왠지 주는 것보다 받는 것이 너무 많다고 느껴져 고마운 마음에 돈이라도 건네게 되는 순간, 관계는 복잡해질 수 있다. 미안하고 고마운 마음을 전하는 훈훈하고 사소한 행위가 반복되면서, 어느 순간 텃밭을 가꾸는 삶은 목적이 아니라 수단이 되고 목적의 자리는 돈이 차지할 수 있다. 돈을 목적으로 하지 않았는데 말이다. 인심 좋고 훈훈한 관계가 인색한 돈 관계로 전락하지 않기 위해 두 이웃은 정말 많은 배려와 정성을 쏟아야 한다는 과제를 얻게 된다. 이것이 돈이다.

존재를 비천함으로

돈은 이중적이다. 숭고하고도 천박하다. 돈이 삶의 목적이 되는 순간 아무리 소유해도 끝내 도달하지 못할, 가장 숭고한 위치로 올라간다. 반면, 돈으로 살 수 있는 모든 것은 가치가 없는 것으로 전락한다. 게오르그 짐멜^{Georg Simmel}의 지적처럼, 돈으로 환산이 가능해지는 순간, 모든 가치를 가장 낮은 곳으로 수렴시키는 돈의 '등가성' 때문이다. 그래서 우리는 돈이 목적이라고 발설하는 누를 범하지 않는다. 다만 돈의 질서에 따를 뿐이다.

타인에게 보일 수 있는 옷과 집과 차를 사고, 여행을 가더라도 SNS에 자랑할 수 있는 경험을 선호한다. 눈에 보이는 것으로부터 존재를 찾는다. 이 유형의 존재감은 타인에게 과시할 수 있을 때, 그래서 부러움이나 존중의 피드백을 받을 때 더 강력해진다. 돈은 수단이지만 이 과정을 반복하다 보면 종국에는 목적이 된다. 내 목표는 무엇인가? 비싼 브랜드 로고가 박힌 가방을 산 다음에는 반드시 사야 할 품목들이 더 늘어나고, 그 과정을 반복하기 위해 돈이 더 필요하지만, 만족할 수 없고 채워지지 않는 실체(존재적 빈곤)의 무한 루프 때문에(채워지는 것은 터져서 관리가 안 되는 옷장뿐이다) 목표는 계속 수정되고 가까이 가면 더 멀어진다.

돈의 등가성은 교환가치가 줄 수 있는 가장 낮은 바닥이 어디인지 알려 주지만, 어디까지 올라갈 수 있는지 가장 높은 곳은 알려 주지 않는다. 우리는 무엇을 소유하더라도 계속 부족하고 더욱 고갈된 상태에 놓이게 되며, 자신의 능력으로 닿을 수 없을 것으로 보이는 저 위로 계속 목표를 수정한다. 하지만 끝이란 원래 없어서, 어느 지점이든 도달하면 다시 아래로 떨어지게 되어 있다. 중력은 돈에 적용되는 것이 아니다. 돈을 매개로 내가 소유하려는 모든 가치, 내 삶에, 나 자신에게 적용된다.

그래서 우리는 항상 부족하다. 더 많이 소유해야 하고, 더 많이 드러내고 더 많이 소비해야 한다. 먹을 것과 입을 것이 부족해서가 아니라 더 맛있는 것과 더 좋은 옷과 더 좋은 평판이 필요하기 때문이다. 돈으로 산 모든 것들과 이에 대한 사람들의 인정이 나의 정체성, 나의 잃어버린 존엄성을 만들어 줄 것이라고 믿기 때문이다. 그러나 세월을 두고 매일처럼 소멸해 간 인간의 존엄성은 돈으로 살 수 있는(소유든, 낭비든, 교육이든, 기부든, 사랑이든) 상징이 되는 순간 가장 천박하고 가치 없는 것으로 전락한다.

만족을 불만족으로

나 자신을 내가 소유하고 소비하는 것에 지불한 값과 동등한 수준으로 동일시함으로서 스스로가 돈의 등가성에 적용된 대상이 되도록 자처한다. 존엄성이 바닥으로 떨어질수록 욕구는 더 강해진다. 돈이 목적이 되든, 돈을 수단으로 나의 존엄성을 사고자 하든, 이 프로세스 안으로 들어가면 돈의 중력 작용에서 빠져나올 방법은 없다.

게오르그 짐멜은 이 끊임없이 제자리로 돌아오는 욕구와 불만족의 관계를 지평선에 비유했다.[4] 저 멀리 보이는 지평선이 끝인 것 같지만 아무리 가까이 갔다고 생각해도 지평선은 결코 가까워지지 않는다. 지평선의 끝이란 본래 없다. 우리의 지각이 만든 허구이기 때문이다. 목적이 실현되고 난 후에는 수단이 되고, 또다시 새로운 목적이 설정되는 과정, 채워지지 않고 무한히 반복되는 시행착오가 우리의 오늘이다. 다만 여기서 유한한 것은 우리의 생명이다. 우리 모두는 지평선의 실체를 확인하기 전에 죽는다.

돈의 지배 작용

이 과정의 반복이 낳는 사회관계는 피라미드 모양이다. 나의 현 위치가 좌표로 있고, 도달해야 할 지점이 있고, 올려다보고 내려다보는 관계가 형성된다. 여기서는 돈의 지배 작용이 양방향으로 동작한다. 한편으로는 지배와 종속의 사회적 계급을 만들고, 또 한편으로는 어떤 계급에 속하게 되든 이 계급 안에 있는 한 그 누구도 스스로 돈의 지배로부터 벗어나지 못한다.

돈이 가져간 자유

그래서 가난과 부유함은 서로 닮아 있다. 생존을 위해 필요한 것들의 절대적 결핍 상태이든, 경제적 평균에 미치지 못하는 주관적 가난이든, 가난은 자유의 반대말이다. 생존을 위해 하고 싶지 않은 일도 하도록 강요된다. 나의 노동력과 시간을

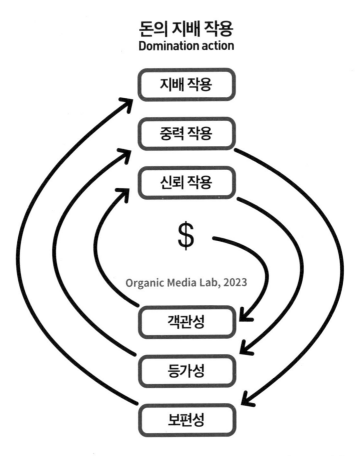

돈의 지배 작용
Domination action

지배 작용

중력 작용

신뢰 작용

$

Organic Media Lab, 2023

객관성

등가성

보편성

돈은 모든 사회 가치를 돈으로 통합하고 그 세력을 확장한다. 세상 모든 것의 가치 기준으로 보편화되면서 우리를 지배하고, 서로를 지배하도록 돕는다.

제공할 것인가를 결정하는 권한이 나에게 없다. 주관적 가난도 마찬가지다. 내가 영위해야 하는 물리적·사회적·경제적 소비의 기준에 미치지 못할 때 나는 가난하다. 생존적 결핍, 심리적 빈곤, 합리적 빚(대출), 이름표가 무엇이든 결과는 같다. 자유가 박탈된 불편한 상태에 놓여 있다.

반면에 부자도 가난하기는 마찬가지다. 피라미드에서 위로 올라가면 갈수록 더 가난해진다. 풍요로울수록 시간이 없다. 나 자신과 가족을 돌볼 시간이 없다. 그 위치에서 내려오지 않기 위해 해야 할 노동의 양이 나의 삶을 압도한다. 더 큰 사회적 지위나 명예를 돈으로 사기 위해 또 바빠야 한다. 바쁜 것이 성공의 척도가 되기도 한다. 하지만 돈의 세 가지 작용에 지배되는 한, 역시 가난에서 벗어날 방도는 없다. 서로에 대한 존중 대신 돈(으로 환산되는 가치)에 대한 존중이 커지면 커질수록 더 그렇다. 결국 믿을 것은 돈뿐인 지경에 놓인다. 여기서는 사회적·경제적·물리적 평균과 같은 기준점은 아무 소용이 없다. 타인을 지배하고 돈의 지배를 받는다.

돈이 만든 관계

돈의 지배 작용은 그 범위를 끝없이 확장한다. 돈이 세상 모두의 가치 기준이 되기까지 넓혀진다. 돈이라는 교환가치로 환산함으로써 서로 다른 이해관계도, 개별적 특성도 통합이 가능해진다. 짐멜은 이것을 돈의 '보편성'으로 설명한 바 있다.[5] 돈의 가치로 사회를 통합하고, 따라서 사회적 관계가 통합된다. 우리는 하나의 가치, 하나의 관계를 기준으로 배열된다.

돈의 작용을 통해 우리 사회는 가치를 평가하는 보편적 기준도 갖게 되고, 더 크게 통합되었다. 예측이 어려운 세상에서 신뢰할 수 있는 대상을 갖게 되었고, 사회적 계급도 살 수 있는 편리한 세상이 되었다. 그 성적표는 지금 우리가 직면한 현실과 같다. 사소하고도 열심인 실천이 차곡차곡 쌓여, 이 사회는 곧 채권자와 채무자 관계의 합이 되었다. 법적으로 계약서를 작성하지 않더라도 돈은 모든 질서보다 우위에 있기 때문이다.

돈의 작용은 사람 골라 가며, 관계를 봐가며 일어나는 것이 아니다. 갑과 을의 계약관계뿐만 아니라 우리의 모든 소중한 관계 안에 침투해 있다. 돈의 작용은 자연스럽게 나와 하나가 됨으로써, 나의 도움을 받아 살아 있는 생명체로 성장한다. 물리적인 빚으로 매개된 관계, 그 빚의 균형을 찾아가는 과정이 삶이 되게 만든다. '친구야, 다음엔 내가 살게!', '어머니, 생신 축하드려요!', '잘 커줘서 고맙다!', '감사합니다, 열심히 하겠습니다!' 이런 흔한 대화 안에도 돈이 흐른다. 나눔, 교육, 효도, 약속, 교환 등 모든 종류의 사회적 거래가 돈의 이동을 만든다. 돈이 지배하는 세상에서는 책임과 의무, 권한 관계가 동등하지 않고 반드시 한쪽이 일시적으로라도 빚을 진 주체가 되기 마련이다.

돈의 질서에서 벗어나기

돈의 작용은 반드시 반작용을 동반한다. 신뢰 작용의 반작용은 사람에 대한 불신이다. 사람이 아닌 돈을 보고 있는데 그 사람을 알 방법이 없고, 돈이 아닌 사람을 당연히 믿을 수도 없다. 그래서 여기는 믿을 사람 하나 없고, 믿을 것은 돈뿐인 세상이다. 사람 대신 돈을 얻는 것으로 족하다. 그러니 우리는 고갈 상태를 벗어날 수가 없다. (돈에 대한) 신뢰의 반작용은 믿을 수 있는 사람의 결핍, 곧 내 존재의 결핍이다.

하지만 존재는 돈으로 살 수 없다. 돈으로 사려는 노력을 하면 할수록 비참해진다. 스스로 돈으로 살 수 있는 대상이 되어 버리기 때문이다. 타인과의 관계도 같다. 그가 돈(이익)으로 환산되는 순간, 그 관계가 존재의 결핍에서 나를 구할 방도는 없다. 돈의 중력 작용은 그래서 더 큰 결핍의 악순환을 낳는다.

우리가 바닥으로 떨어지는 동안, 그 비참함의 원인이 어디서 시작된 것인지 질문할 시간은 주어지지 않는다. 그래서 관성대로 돈의 질서를 따라, 피라미드로 줄을 서서 올라갈 뿐

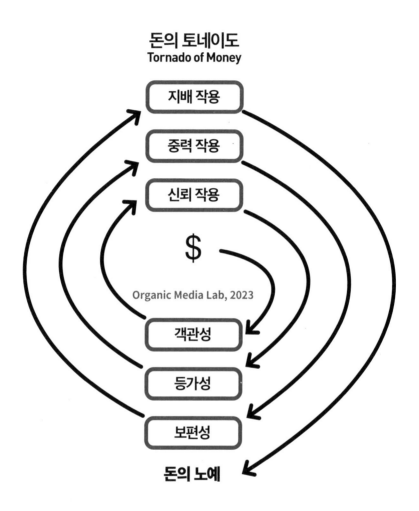

돈의 토네이도
Tornado of Money

지배 작용

중력 작용

신뢰 작용

$

Organic Media Lab, 2023

객관성

등가성

보편성

돈의 노예

돈은 우리와의 상호작용을 통해 동작한다. 경제활동을 위한 도구로 만들어진 돈은 이 과정을 거쳐 우리의 주인이 되고, 질서가 되었다.

이다. 의문에 맞서는 과정은 고통스럽기도 하고, 세상의 눈으로는 '생산적'이지 않다. 차라리 가면을 꺼내 쓰는 편이 빠르고 편리하다. 그래서 우리는 언제나 결핍 상태를 유지하게 되어 있다. 그 결핍이 어디서 시작되었는지 볼 수 없는 내가, 돈의 중력 작용을 만드는 동력이다.

그래서 돈의 노예가 탄생한다. 타인을 지배하고 돈의 지배를 받는 반작용 안에 있기 때문이다. 우리는 타인의 자유를 박탈하는 대가로 나의 자유를 박탈당한다. 사람을 볼 수 없고, 어디서 나를 찾을지 질문하지 않으며, 지배함으로써 지배당하고 있는데, 어떻게 우리가 존엄할 수 있는가. 나의 존엄성을 어디 가서 얼마를 주고 사 올 것인가. 우리의 존엄함은 돈이 아닌, 우리가 만드는 '관계' 안에 있는데. 그래서 방법은 하나뿐이다.

우리 삶에서 철저하게 수단으로 전락했던 한 사람 한 사람이, 아이러니하게도 나의 존엄성을 찾아 줄 주체였다는 사실까지 왔다. 나의 잃어버린 존엄성은 돈 안에 있지 않고, 내가 수단으로 전락시킨 사람과의 관계 안에 있다. 거기 내 자유가 있다. 누가 나를 깨우고, 나는 누구를 깨울 것인가. 돈의 작용에 철저하게 갇힌 내 자유를 되찾아 줄 사람은 누구인가.

05 직업의 종말
End of Jobs

"고모는 직업이 뭐야?" 아직까지 답을 하지 못했다. 직업으로 명명한다면 컨설턴트, 기획자, 대기업 임원, 스타트업 대표, 강사, 저자(작가), 회사원 등 지금까지 지나온 많은 이름표가 생각난다. 그런데 이런 것들로 답을 해버린다면 거짓말이다. 직업 카탈로그의 그 어떤 것도 나를 정의하지 못한다. 수많은 실패와 만남과 배움과 산을 넘는 경험의 여정에서 나는 아직도 성장 중에 있다. 다가오는 시대에는 각자의 성장의 기록이 직업의 정의를 대신하게 되리라 믿는다.

이 글은 답을 대신해 조카에게 보내는 편지다. "요즘 의대 가려고 'SKY'에 가고도 자퇴를 한다"라며 혼란스러워하는 그녀에게 전하는 사랑의 고백이다.

왜 직업인가?

이전 세대는 평생직장을 위해 삶을 바쳤고, 지금 세대는 매일 저녁 '조용한 퇴사Quiet Quitting'[1]를 하고 직장 밖에서 삶을 찾는다. 지금은 개인에게도, 조직에게도 혼돈의 시기다. 패러다임의 중첩과 대전환이 일어나고 있다. 개인은 일을 통해 성장하고 싶지만 삶의 질이 황폐해지도록 내버려 둘 수는 없다. 조직 밖의 삶이 더 중요한 개인은 도망가기 바쁘고, 회사는 열정페이 대신 이들을 붙잡을 새로운 조직 문화를 찾느라 바쁘다. 이런 와중에 챗GPT까지 가세해서 우리의 경쟁력이 무엇이냐고 묻는다.

직업은 사회적 산물이다. 그 종말은 AI가 가져올 것이 아니다. 직업의 종말은 이미 와 있다. 삶의 대부분을 직업인으로 살아가는 동안 한 개인의 삶도, 그래서 우리가 만드는 사회도 결정된다. 성장과 파괴, 풍요와 결핍이 공존하는 지금은 극단적인 비등의 구간을 지나고 있다. 어느 한쪽이 다른 한쪽을 압도하는 시기를 곧 맞이하게 될 것이다. 직업은 이 현실에 대한 증거이자, 이 드라마를 이끌어 온 미디어다. 그래서 직업의 종말은 새로운 출구를 갖고 있다.

지금부터 직업이 사회적 종말에 이른 여정을 함께 살펴볼 것이다. 개인과 사회를 연결하는 매개체로서 직업에 대한 본질적인 이해를 통해, 질문에 도달하고자 한다. 이 글은 온 삶에 걸쳐 우리를 일터로 이끌어 온 나침반을 향해 던지는 문제의 제기다. 무엇이 될 것인가, 꿈을 꾸기 시작한 때부터 직업의 숙달된 수행까지, 초등학교부터 정년퇴직까지 최소 50년, 앞으로는 수명도 길어졌으니 60년, 70년 동안 우리는 어떻게 직업을 만나고 어떻게 성장했으며(할 것이며) 그 결과 무엇이 되었는지(될 것인지) 되짚어 보는 시간을 가진다. 직업을 우리 존재로부터 분리해 내는 시도를 통해, 우리 각자가 던져야 할 본질적인 질문에 다시 서고자 한다.

나는 무엇이 될 것인가?

한 번뿐인 삶에서 가장 신중한 선택이었다. 나는 법대를 나온 엄마의 영향으로 한동안 변호사가 되고 싶었지만, 공부를 많이 해야 해서 일찍 포기했다(그리고 나서 더 많이, 더 오래 공부하는 삶을 살고 있다). 매년 장래 희망을 써 내거나 답을 해야 할 때 늘 막막했다. 아는 직업이 별로 없었다. 나 같은 아이들은 대부분 선생님이라고 적었다. 요즘은 유튜버나 연예인이 인기라고 한다. 세상을 혁신하는 창업가도 적잖게 롤 모델이 되었지만, 반대로 이런 세상에서 의대처럼 경제적 안정과 사회적 인정을 가장 오래 보장해 준다는 학과와 직업이 인기다.

우리는 모두 이런 시기를 거쳐 지금에 이르렀다. 때에 따라 멋짐의 정의는 다르지만, 누구나 꿈을 꾸는 시기를 지나 현실에 맞춰 직업을 선택하고 삶의 진로도 일찌감치 결정된다. 평생직장 개념은 이제 없어져서 이직도 잦고 직업보다 '어떻게 살 것인가'라는 질문이 더 중요해졌다지만, 직업은 개인에게 여전히 경제적 토대와 사회적 실현을 이루기 위한 필수적인 수단이다.

선택의 순간부터 직업은 내 정체성이 된다. 처음 갖게 된 명함이 내가 누구인지 말하기 시작한다. 그 명함으로 나를 소개하고 사회생활의 이름표로 쓴다. 초보라면 그 정의에 걸맞은 사람이 되기 위해 노력할 것이고, 경력직이라면 더 전문가가 되기 위해, 더 좋은 직급이나 더 안정적인 조직으로 가기 위해 노력할 것이다. 일반적으로 그렇다는 것이다. 지하철을 타고 가든 재택으로 접속을 하든, 매일의 출퇴근을 반복하는 시간을 지나 직업과 내가 궁극에 하나가 되는 것이 삶의 여정이다.

그래서 당신은 무엇이 되었는가? 나는 무엇이 되어 가고 있는가? 나는 끝내 무엇이 될 것인가? 단 한 번 내게 주어졌던 삶을 불꽃처럼 마감하기 전에.

직업 시장의 굴레에 갇히다

시장에는 상품이 있다. 상품을 파는 사람과 상품을 사는 사람의 거래를 통해 동작한다. 돈과 교환될 만한 가치가 있는 물품들이 진열되면, 가격은 거래를 통해 결정된다. 너무 높게 책정하면 팔리지 않고, 너무 낮으면 장사를 하러 나올 이유가 없다. 거래를 통해 그 상품의 가치가 결정되는 시장의 원리가

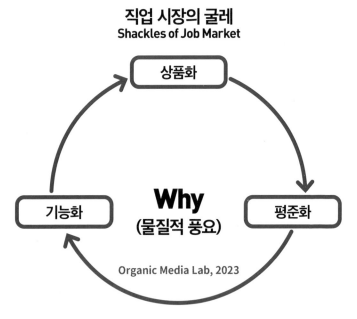

직업 시장의 굴레
Shackles of Job Market

상품화

기능화

Why
(물질적 풍요)

평준화

Organic Media Lab, 2023

직업 시장은 물질적 풍요를 목표로 동작해 왔다. 직업의 선택은 상품화의 시작이며, 생산성이 기준인 시장에서 개인은 직업 카테고리 안에서 모두 평준화되었다. 개인의 성장 대신 더욱 기능화·상품화·평준화되는 악순환이다.

우리 자신에게도 적용되는 곳, 여기는 직업(노동) 시장이다.

상품이 된 우리

시장의 상품 카탈로그에서 직업을 선택하면, 우리도 드디어 판매 대상이 되고 가격이 매겨진다. 직업은 계속 세분화되어 현재 한국 직업사전에 기록된 종류는 1만 6000개가 넘는다 지만,[2] 직업을 골라야 하는 시기에 머릿속에 떠올릴 수 있는 직업의 수는 많지 않다. 미래를 예측하기 어려운 지금은 적성이나 능력보다 사회적으로 안정적인가, 얼마나 계속 월급을 받을 수 있는가가 흔한 선택의 기준이다.

생각해 보자. 우리는 먼저 고용될 자격을 갖추기 위한 시간을 가져야 한다. 최소한 20년이 필요하다. 대학에 가야 하고, 취업 준비도 해야 하고, 외국어 능력도, 각종 자격증도 필요하다. 시장에서 선택받고자 하는 잠재 상품은 많다. 대학 입시 학원, 자격증 학원 등 직업 시장에 진입하기 전에도 우리의 삶은 언제나 시간에 쫓긴다. 초등학생처럼 어린 나이에도 크게 다르지는 않았다.

이 과정을 거쳐 시장에 진입하는 순간 상품으로서의 정체성은 본격적으로 시작된다. 고용주가 누구든 선택될 수 있는 자격, 더 선택받고 싶은 상품이 되도록 노력하는 과정 안에 있다. 고용주의 입장에서도 선택되어야 할 상품이 있다. 좋은 인재를 고용하기 위해 조직 문화와 보상 체계에 힘쓰고 있다면, 시장의 원리에 이미 참여 중이다.

평준화의 비극으로부터

평가의 기준은 생산성이다. 사회가 합의한 목표는 물질적 풍요이기 때문이다. 생존 과제로부터 벗어나고 싶은 인류의 본능, 과학의 발전과 산업화, 대량생산과 노동 분업, 경쟁을 통한 경제 번영의 결과를 향해 달려온 역사가 증언한다. 생산성에 따라 우리에게 가격이 설정된다. 고용된 주체는 인격이 아닌 생산 능력으로 평가받을 수밖에 없다. 적정 가격으로 환산될 수 있을 때에만 경제적 보상, 사회적 보상(승진 등 사회적 계급으로 보상) 등으로 지불이 가능하기 때문이다. 시장의 원리가 그렇다.

다만 각 개인이 가진 저마다 다른 능력과 인격성은 정량적으로 환산되기 매우 어려운 성질을 갖고 있다. 이 문제를 해결하기 위해 평가의 기준은 세월을 두고 더욱더 정교해질 수밖에 없었을 것이다. 개인이 가진 것이 무엇이든, 동등한 기준으로 가격을 설정하려면 정량화하고 계량해야 한다. 가치는 더욱더 객관화될 수밖에 없다. 공정하려면 표준도 필요하다. 다면평가, 상대평가, KPI, 개발자라면 소프트웨어 산업 진흥법에 따른 기술등급, 건축사라면 공사비에 따른 설계비 요율,

강사라면 박사학위 연차와 강의 연차에 따른 강사료 등 이루 열거할 수도 없는 기준, 표준, 법령 등이 그 예시가 될 것이다. 분쟁을 없애기 위한 거래 기준이 적용되면 될수록 개인의 가치는 가장 낮은 곳으로 수렴되는 결과에 이른다. ('돈의 등가성'은 이미 4장에서 정리했다.)

이 모든 과정은 직업을 무력화한다. 익숙하고 반복적인 업무 수행의 합을 통해 직업과 하나 된 내가, 새로 출현하는 현상과 환경 앞에서 무력할 수밖에 없다.

직업 '전문가'의 탄생

평준화의 비극은 모든 직업의 기능화를 낳는다.[3] 무슨 일이든 시간을 두고 반복하다 보면 우리는 그 일에 능숙한 달인이 되는데, 우리가 목격 중인 직업의 행태가 바로 이것이다. 사회가 합의한 보상 방식에 맞춰 '전문가'가 된다. 그 덕택에 만들어진 것이 파워포인트 전문가, 엑셀 전문가, 정부 지원 사업 전문가, 임플란트 식립 전문가(오늘까지 몇 개의 임플란트를 심었는지가 치과의 마케팅), 교수라면 정년 보장을 위해 SCI 등재지 규격의 논문을 생산하는 전문가다. 요즘은 눈먼 돈의 흐름을 따라 빅데이터 전문가, AI 전문가 등으로 빠르게 옮겨다닐 수 있는 능력, '남들보다 빨라서 전문가'도 적지 않다. 여기서 직업은 온전히 돈을 버는 수단 외에 아무것도 아니다.

당신은 어떤 전문가가 되었는가? 우리는 직업의 달인이 되었다. 개인의 인격과 가치가 배제된 직업의 능숙한 수행의 결과다. 우리는 서로를 훈련된 상품, 능숙한 기술자로 전락시키고 스스로도 같은 삶을 살고 있다. 배울 것이 넘쳐나고 예측이 어려운 세상에서 우리는 불안하다. 일을 해도 성장이 없기 때문이다. 자리를 지키고 있다고 해서 안전지대에 있지는 않다. 관리자가 힘들게 배워야 하는 것들을 인턴 사원은 이미 몸으로 알고 있다. 하지만 나침반이 없기는 신입 사원도 마찬가지다. 직업 숙련공이 된 내 자리는 AI가 무한히 대신해 줄 수 있다. 지치지도, 잠을 자지도, 보상을 해줄 필요도 없지만 무한히 발전하는 경쟁자다.

직업의 틀 밖으로 벗어나지 못하고 성장을 멈춘 개인의 인격과 능력은 AI와 평준화되는 운명에 이른다. 시장의 논리에서 직업은 나를 가둔 우물이다. 정의된 역할 밖으로 벗어나기 어렵다. 그 대신 우물 안에서 열심히 반복하고 수련하며 평준화의 비극에 동참한다. 현상은 태도로 표출된다. 직업의 굴레 안에서 차곡차곡 뒤덮이는 일에 대한 나의 태도는 필연적으로 나 자신에 대한 태도, 사람에 대한 태도, 세상에 대한 태도가 된다. 곧 세상이 나를 대하는 태도가 된다.

질식된 영혼

직업은 자본주의적 질서 내에서 개인에게 객관적이고
외적으로 주어진 기능과 역할을 강요함으로써 인간의 영
혼을 질식시켜 버린다. 그뿐 아니라 점차로 증가하는 직업
적 분화와 전문화는 개인적 인격의 무차별화를 점점 더
강하게 요구한다. 직업 세계에서 "특정한 기능이나 지위의
담지자"에 지나지 않는 개인의 인격은 마치 "호텔방 고객
의 인격과 같이 아무런 상관이 없다."[4]

더 높은 연봉, 지위, 영향력이 개인의 성장이라고 단정해
왔다. 이런 것이 고귀한 보상이고 삶의 목표가 되어야 한다고
서로를 부추겨 왔다. 하지만 이런 것들을 보상으로 받고 우리
는 메마른 상태, 결핍에 이르렀다. 우리는 영혼을 내어주고,
관계를 버리고, 돈을 받고, 권력을 받고, 계급을 받았다. 우리
는 성장한 것인가?

좋아하는 일을 하고 있으니 나와는 상관없는 얘기가 아닌
가, 반문하는 독자도 있을 것 같다. 복 받은 삶이다. 나도 그런
회사를 만들기 위해 노력했다. 그런데 아름다운 비전으로 시
작한 조직도 살아남아 목표점에 도달하려면 돈으로 환산되
는 가치를 생산해야 한다. 그래야 존속할 수 있다. 돈으로 환

산되는 것만 가치를 지니는 것이 자본주의적 질서이기 때문이다. 좋아하는 일을 한다는 자족은 그래서 양날의 검이다. 이름표 없는 노동의 착취는 명분화되기 쉽다. 우리가 서 있는 토양이 자본의 질서 위에 있기 때문이다. 돈으로 환산되는 가치를 만드는 시스템 안에서 깨어 있는 의식이란 나에게도 회사에게도 쉽지 않다.[5] •

인류는 물질적 결핍에 맞서 산업화를 이루어 냈다. 우리 한 사람 한 사람이 여기에 지분이 있다. 물리적 생존이 과제이던 구간을 지나 풍요의 시대를 맞았다. 그리고 새로운 생존의 숙제 앞에 서 있다. 눈에 보이고, 손에 잡히고, 입에 넣고, 몸에 두르는 풍요를 만들어 내는 동안 질문하기를 멈췄기 때문이다. 질식된 영혼은 질문할 수 있는 힘이 없다. 존재적 빈곤의 원인은 시스템이나 외부 환경이 아니라, 참여자로 그 역할을 충실히 수행해 온 나로부터 온다.

바쁜 것이 능력이 된 세상에서 우리는 계속 생산 중이다. 그 대신 심신이 고갈된 피로 상태에 놓여 있다. 질문하는 능력, 들을 수 있는 능력, 발견하는 능력, 사랑하는 능력이 오늘 내 삶 속에 있지 않다. 나 스스로 언제나 부족한 상태인데 누구를 바라보고, 누구를 위해 시간을 사용하고, 누구를 도울

• 노동 착취의 반대 현상으로 '고용 착취'도 같은 원리 안에 있을 것이다.

것인가. 이것은 종교인이나 위선자들이나 할 수 있는 일이다.
(이들도 우리처럼 능숙한 직업 전문가로 살고 있기는 마찬가지다.) 개
인과 사회를 연결하는 매개체로서 직업이 돈벌이 수단으로
전락할 때, 나 스스로도 타인의 돈벌이 수단을 위한 도구 외
에 아무도 아니다.

직업이 만든 실체

취업 전부터 시작된 직업의 굴레는 은퇴를 해도 계속된다. 은
퇴와 함께 '아무도 아닌' 사람이 된 자신을 발견한다. 더 많은
사회적 성취, 돈, 명예, 권력이 성장이라고 믿어 왔기 때문이다.

하지만 이런 것들은 아무리 쌓여도 성장과는 아무 상관이
없다. 성장이란 생명의 자람을 말한다. 그래서 다른 사람에게
빼앗길 수 없는 것이다. 돈, 명예, 권력, 사회의 평가는 내 존재
안에 있지 않다. '나'가 아니다. 은퇴가 힘든 이유는 이러한
거추장스러운 것들을 잃어버려서가 아니라, 오랜 시간 성장
하지 못하고 시간을 다 써버린 자신에 대한 자각 때문이다.

개인과 사회의 매개체인 직업은 우리 자신과 떼려야 뗄 수
없는 관계에 있다. 직업은 내 삶의 증인이자 내가 끝내 도달
하지 못할 정체성이며, 벗어나고 싶은 삶의 굴레다. 돈을 버는
수단으로 전락한 직업은 나 자신을 돈의 수단이자 도구가 되

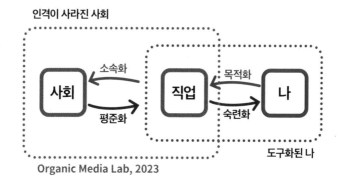

직업의 매개 작용
Mediation of Jobs

인격이 사라진 사회

사회 ←소속화→ 직업 ←목적화→ 나
평준화 숙련화

도구화된 나

Organic Media Lab, 2023

돈을 버는 수단이 된 직업은 서로를 서로의 도구로 전락시켰다. 인격이 사라진 사회에 유통기한이 끝난 '직업'의 껍데기만 남아 있다.

게 만들고, 그 대신 스스로 인격화되었다. 직업에 대한 나의 태도가 거꾸로 나를 만들고, 나와 직업의 지배 관계도 결정한다. 내가 수단으로 선택한 직업, 내가 도달하고 싶은 직업, 나를 돈의 수단으로 전락시킨 직업, 내가 벗어나고 싶은 직업과 나의 관계는 곧 사회(의 형태)다. 그런 직업의 실행들이 모여 지금의 사회가 되었다. 거래 관계, 경쟁 관계, 갑을 관계, 지배 관계는 인격은 없고 도구가 도구를 만드는 과정의 증거일 뿐이다.

지금까지 살펴본 삶의 여정은 한 시대를 지배해 온 직업의 운명에 이른다. 노동의 분업 체계와 시장의 원리가 만든 직업의 유통기한이 끝나고, 여기 인격과 영혼이 말살된 채 우리가 남겨져 있다. 지금 삶의 질, 워라밸을 찾는 트렌드는 말살된 개인성, 인간의 존엄성에 대한 강렬한 열망이자 생존을 위한 외침이다. 다만 평생의 절반을 개인이 탈출해야 하는 묵과된 시간으로 직장에서 보낸다면, 이것보다 불행한 현실도 쉽지 않을 것이다. 일시적인 방편이지만 근본적인 해결책이 되지 못한다. 회피를 통한 분리가 아니라 직업에 대한 자각을 통한 분리, 존재적 질문이 필요하다.

직업의 굴레 밖으로

성장하기를 멈춘 생명은 소멸하게 되어 있다. 여기서 성장은 직업적 기술이나 유용한 지식과 정보가 아님을 우리는 이제 알고 있다. 풍요의 시대까지 왔다. 직업의 굴레에서 성장하지 못하고 서로를 고갈시켜 왔다는 자각이 직업에 종말을 명한다. 그 끝을 알리는 새로운 파도가 이미 와 있다. 내 자유와 영혼이 박탈된 곳으로 인공지능이, 직업의 능력 만렙을 장착한 새로운 노동력이 함께 살자며 밀고 들어온다. 우리가 만든 것이 우리를 압도하는(성장하는 로봇이든, 파괴된 생태계든, 우리가 만든 쓰레기든) 시대가 이미 도래한 것이다.

직업은 이 위기로부터 우리를 구하지 못한다. 노동 분업 체계와 직업 시장, 물질적 풍요는 구조적으로 하나다. 직업은 분명히 풍요의 세상을 만드는 데 기여했지만, 풍요가 가치가 되던 시대는 이제 가고 없다. 풍요를 향해 달려온 관성이 남아 있을 뿐이다. 물질적 과잉에 도달한 이후에도 여전히 풍요가 목적이 되는 이 사회는 성장을 멈춘 사회다. 여기서 직업을 다시 바라보아야 직업의 종말을 인정할 수 있고, 그래야 출구가 될 질문을 시작할 수 있다.

직업의 종말은 물질적 풍요의 무덤 위에 있다. 질문은 직업의 굴레 밖에서 시작되어야 한다. 직업에 갇혀 있는 동안 퇴화된 우리의 능력은 무엇인가? 어떻게 되살릴 것인가? 인간의 지식으로 따라갈 수 없게 될 AI가 지배하든, 생산과 소비의 탐욕 속에서 먹고 마시는 물적 자유에 자족하든, 아무 상관이 없다면 이 글이 참 미안하다. 아니라면 이제 익숙하지 않은 질문을 시작하자. 다음 파도의 방향은 우리 질문이 결정할 것이다. 직업의 굴레 밖에서, 직업의 무덤 위에서 잃어버린 영혼을 되찾아올 질문은 무엇인가? 당신은 어디서부터 시작할 것인가?

06 악순환의 해부학
Anatomy of Vicious Cycles

명절이면 정말 균일하게 크고 반짝이며 색깔도 너무 고운 사과와 배가 택배 상자에 실려 전국으로 배송된다. 그러고 보면 과일들이 우리가 원할 때 원하는 크기와 당도로 열려서 매년 날짜도, 날씨도 달라지는 명절에 선물 상자에 공산품처럼 담기려면 어떤 일이 벌어져야 하는지 생각해 본 적이 없었다. 농약 성분인 성장촉진제를 맞히고,[1] 붉게 반짝이게 하기 위해 사과에 착색제를 바르고, '당도를 맞춰서 오라'는 마트의 요청에 따라 딸기에 '작업'을 해야 하는 현실은 농부의 잘못일까,[2] 마트의 잘못일까, 내 잘못일까, 과일 잘못일까. 자연의 섭리대로 짓는 농사는 점점 더 귀해지는 세상이다.

　농산물만이 아니다. 장을 볼 때 나는 앞면보다 뒷면을 먼저 본다. 앞면에는 분명히 "한 방울까지 그대로 착즙"했는데 뒷면에는 합성향료와 농축액으로 맛을 냈다는 정보[3]가 정말 작은 글자로 쓰여 있다. 내가 너무 좋아하는 잠봉과 프로슈토에는 색소와 보존제 역할을 하는 아질산나트륨이 포함되어 있다고[4] 꼭 뒷면에서만 말을 해준다. 잊고 있다가 1급 발암물질이라고 보도될[5] 때마다 사람들은 처음처럼 놀란다. 나처럼 '유난을 떠는' 사람들은 참 인생 힘들게 사는 사람들이다. 하지만 도대체 상상하기 어려운 인공첨가물이 모든 식품에 들어가 있고, 내 몸에 어떤 일을 하는지 알게 되었으니 불편해도 어쩔 수가 없다.

먹을 것은 넘쳐나는데 믿고 먹을 수 있는 것은 점점 더 없어지는 세상이라니, 백세 시대라는데 우리가 생산하고 또 섭취 중인 환경호르몬으로 질병은 더 많아진 세상이라니, 음식 쓰레기를 어떻게 잘 버릴까 고민해야 하는 풍요의 시대에, 80억 인구가 다 먹고도 남을 만큼의 식량이 생산되는 시대에, 세계의 절반은 여전히 굶주리고 있다니[6] 대체 우리에게 무슨 일이 벌어지고 있는 것인가. 누구 한 사람, 어느 한 기업, 어느 한 국가, 어느 한 현상에서 원인을 찾기에는 그 뿌리가 깊고 복잡하다. 세상을 움직이는 악순환은 사소한 식탁부터 인류의 운명에 이르기까지 단단하게 연결되어 있다.

우리의 삶 속에 악순환이 고요하게, 하지만 쉬지 않고 가동되는 동안 정보는 왜곡되고 분절되고 가려져(통제와 조작)

악순환에 대한 이해는 대부분 물에 물 탄 듯 결론 없이 끝이 난다.[7] '불편한 진실'과 왜곡된 진실 공방, 음모론과 마케팅, 기업 홍보용 기사와 논문 사이 어딘가에서 실체를 찾기 어렵다. 하지만 세상에 강 건너 불구경할 수 있는 악순환이 정해져 있는 것은 아니다. 악순환이란 불현듯 나타나 한 번의 이벤트로 끝나지 않는다. 서로 결합하고 이용하고 연결하고 커지면서 돌이킬 수 없도록 만드는 속성을 갖고 있다. 여기서 우리는 과연 어떻게 악순환이 돌아가는 가속도를 멈출 힘을 낼 수 있을까.

악순환의 생태계

이 글의 목적은 악순환의 원리를 정리하는 것이다. 악순환 속에서 소멸하지 않는 방법은 오직 하나뿐이다. 악순환을 무력화하고 선순환으로 흡수하는 것이다. '나'로부터 시작되는 선순환의 원리를 이해하는 실천과 적용이다. 연결이 지배하는 네트워크 세상에서 '나'의 힘은 오히려 강력하다. 다만 규모를 만들 수 있는 원리, 시간을 창조하는 원리가 필요할 뿐이다. 이에 대해 자세히 다루기에 앞서 이 글에서는 악순환을 해부하는 데 온전히 집중하기로 한다.

우리는 운명 공동체다

악순환은 돈이 목적인 세상에서 쉽게 조직화된다. 규모는 기하급수적으로 커지고, 돌이키기도 쉽지 않다. 가속도는 연결된 세상에서 더 빠르다. 세상을 이끄는 악순환은 돈을 목적으로 시작해서 돈의 원리를 따라 모두가 움직일 수 있도록 동기를 부여하고, 돈을 결과물로 나눠 갖는 방식으로 커진다. 그런 악순환이 물질의 가치를 중심으로 진실을 왜곡하고 세상의 권리를 가진다. 돈과 권력/권위를 자원으로 기업, 정치인, 정부기관, 학자, 전통 미디어, 국민, 소비자, 일하는 내가 참여하는 먹이사슬이다.

감출수록 드러나는 법[8]을 가진 네트워크 세상에서 믿을 수 없는 일이지만, 정보는 여전히 통제되고 진실이 드러날 수 있는 근원은 차단되거나 흐려지거나(의도된 논문 등) 부정된다. 유튜브, 구글, 페이스북 등 어디든, 이른바 연결된 세상을 만들어 온 주체인 플랫폼에서도 모든 비판적 사고가 알고리즘 조작으로 삭제되거나 통제[9]되기도 한다. 먹이사슬의 맨 마지막에 있던 우리는 이른바 라디오 시대의 '대중'처럼[10] 이에 순종함으로써 대규모로 참여한다. 장기적 부작용이 확인되지 않은[11] 백신도 앞다퉈서 맞고,[12] 심지어 자랑까지 할 수 있도록[13] 전 인류를 움직이는 힘은 이런 과정에서 나온다.

내 삶을 움직이는 모든 악순환은 우리가 참여해야만 발생

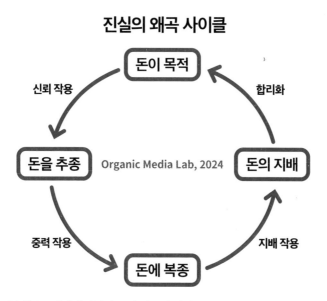

진실의 왜곡 사이클

돈이 목적

신뢰 작용

합리화

돈을 추종   Organic Media Lab, 2024   돈의 지배

중력 작용

지배 작용

돈에 복종

악순환은 4장에서 설명한 '돈의 작용과 반작용'을 통해 커진다. 돈(물질적 가치)이 수단이 아닌 목적이 될 때 신뢰의 대상은 돈이 되고, 돈을 좇는 과정을 거쳐 돈에 복종하는 의사 결정이 이뤄진다. 돈이 나를 지배하는 단계에 이르면 오히려 합리화를 통해 악순환을 더욱 키운다. 돈을 목적으로 진실이 왜곡되는 악순환의 성장 사이클이다.

하고 성장한다. 코로나처럼 극단적으로 짧은 기간에 전 인류에 급격한 영향을 미치는 경우도 있고, 기후변화처럼 오랜 시간 우리가 정성스럽게 키워 온 악순환도 있다. 미디어·정보·건강·사랑 등 영역은 셀 수 없고, 각 악순환은 서로 세포조직처럼 연합하고 기생하며 영향력을 키운다. 우리는 일과 삶전체를 통해 기여한다. 적극적으로, 소극적으로, 소비를 매개로, 침묵을 통해, 비판적 사고를 포기하며 참여한다.

지금 우리는 모두가 날마다 생산한 데이터로 무한히 연결된 네트워크의 시대를 살고 있다.[14] 내가 어디를 가서 무엇을 하든 기록되고, 사소한 흔적도 정보로 쓰이고 서로에게 영향을 미친다. 세상을 움직이는 결과가 된다. 모든 것이 모든 것과 연결된 이곳에서는 소문은 실시간으로, 전 지구적으로 퍼진다. 그 속도는 기하급수적이다. 의도했든 안 했든, 각자의 행동은 반드시 결과에 기여하게 되어 있다. 각자의 공간에서 개인의 시간을 살고 있는 지금, 생명체의 조직처럼 우리는 서로의 운명 공동체가 되었다.

우리가 주인공이다

나눌수록 작아지는 속성을 지닌 모든 물리적 가치는 개별적 이익을 가장 존중한다. 나를 포함한 우리 모두가 자신의 이익을 모든 의사 결정의 우선순위로 정하는 것은 미안하지만 당연한 일이다. 돈과 같은 물리적 가치가 목적이 아니더라도 내노동과 수고, 시간을 쓰는 것도 그 가치를 돈으로 환산할 수 있는 것이라면 같은 범주에 있다. 이익이 목적이 아니어도, 나만 손해를 볼 수는 없다는 논리가 어차피 같은 결과를 만든다. 모든 의사 결정이 이익과 손해 양자 간의 선택이라면 '호구'가 되지 않기 위해 항상 안간힘을 써야 한다. 정답은 자명하다.

더워도 추워도 불편해도 참으라는 캠페인은 죄책감은 모르지만 효과는 별로 없다. 가만 있을 수는 없으니 마지못해 작은 행동도 한다. 환경을 생각하며 더 나은 사람이 되자는 '힙한' 마케팅이 이런 자족을 돕는다. 하지만 근본적인 원인을 제거할 수 있는 원리나 솔루션에 대해 깊게 고민하는 사람은 드물다.[*] 자신의 시간과 에너지를 쓰는 수고도 자처해야 하지만, 그런 지식은 돈을 목적으로 생산된 얕고 분절된 가짜 정보에 가려져 습득 자체가 어렵기 마련이다. 나를 포함한 모두가 악순환에 한 스푼씩 무게를 더하고, 그 대가는 나중에 치르게 될지언정 오늘은 어쩔 수 없다는 결정에 이른다.[**]

전기차 시장의 과도기는 이런 시나리오로 쓰여 있다. 내연기관차를 계속 타고 다니는 것이 우리의 건강이나 환경에 좋지 않다는 것은 모두 알게 되었지만, 내 차를 전기차로 바꾸는 결정은 쉽지 않다. 충전은 불편하지 않은지, 불이 난다는데 위험하지는 않은지,[15] 꼭 내가 먼저 위험을 감수하고 움직일 필요가 있는지 따져 볼 수밖에 없다. 나 혼자 서두를 이유

[*] 이에 대해서는 《오가닉 에너지》(https://organicmedialab.com/2023/08/22/organic-energy-abundance-is-the-answer/)에서 상세하게 다뤘다.
[**] 이러한 현상을 경제학에서는 '외부효과 externality'라고 정의한다.

가 없다는 결론이 가장 현명할 것이다. 악순환의 먹이사슬에서 가장 마지막에 있던 내가 어느새 주인공으로 등극해 있다.

왜곡된 진실이 혈액의 공급이다

문제의 핵심은 악순환의 주인공이 '나'라는 자각이 일어나지 않도록 에너지를 공급하는 원천이 따로 있다는 것이다. 왜곡된 진실은 이런 악순환이 계속 자라서 성장할 수 있도록 공급되는 혈액이다. 코로나처럼 통제된 생각이든, 기후변화에 대응하는 습관적 실천이든, 깨닫지 못하고 중독에서 벗어나지 못하도록 의도된 정보가 흘러 시대의 '진실'을 생산한다. 모두가 참여하고 있는 악순환에서 가장 큰 이익을 가져가는 이해 당사자들(기업, 정치권, 미디어, 학계)의 서로 돕는 지배종속(먹이사슬) 구조를 기반으로 제 역할이 부여된다.

다음의 스키마는 악순환에 참여하는 주체들 간의 역학관계를 보여준다. 분야를 막론하고 시대를 움직이는 대부분의 악순환이 같은 메커니즘으로 동작한다.

전기차로 모두가 전환되는 시점이 빨리 오면 올수록 불리한 주체가 있고, 이들을 돕기 위해 가짜 뉴스 생산까지 마다하지 않는 미디어의 관계가 있다. 그 시기를 최대한 늦추기 위해 최선을 다하며 기업의 홍보팀과 법무팀이 되기를 자처한다. 언론이 기존의 틀에 갇혀 새로운 현상을 이해하지 못해도

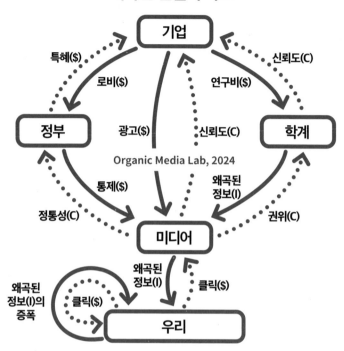

왜곡된 진실의 폭포

Organic Media Lab, 2024

돈을 목적으로 기업은 정부·학계·미디어의 신뢰도를 돈으로 사고, 정부와 학계는 왜곡된 정보가 유통되는 정보원 역할을 수행한다. 미디어는 왜곡된 정보를 생산하고, 우리는 그 정보가 증폭하며 악순환이 살아서 성장할 수 있도록 혈액을 공급하는 데 기여한다. 돈($: Money)과 신뢰도(C: Credibility), 정보(I: Information)가 악순환의 자원이다. 환경호르몬, 코로나 백신, 전기차 등 모두 이와 같은 악순환에 갇혀 있다.

광고는 들어온다. 몰라서 썼든, 오해하도록 만든 후 아무도 안 볼 때 수정을 하든, 100년 가까이 미디어의 가장 큰 고객이 되어 온 광고주와 미디어의 서로 돕는 관계의 근원에는 돈이 있다.

미디어가 먹이사슬에 혈액을 공급하는 조력자인 것만은 아니다. 그 자체로 선순환과 악순환의 법을 따르는 결과물이다. (2014년 출간한 《오가닉 미디어》에서 주요 사례였던) 페이스북은 살아 있는 미디어로 오랜 기간 인식되어 왔지만, 그사이 네트워크는 연로해졌다. 더 많은 관심, 더 큰 영향력을 위해 글을 쓰고 지금 당장 뜨거운 것에 집중하는 사용자들의 순발력은 클릭을 벌기 위해 글을 쓰는 전통 언론의 모습을 닮아 가고 있다. 나중에 진실이 아니라고 드러나더라도 지금 당장 움직여야 한다. 참여자들은 상부상조하며 관심을 '좋아요'로 샀지만, 이 과정에서 생산된 정보는 악순환의 혈액원으로 쓰이고, 네트워크 스스로도 생명체의 원리를 따라 쇠퇴로 간다.

그럼에도 나의 습관은 이런 유형의 서비스와 미디어들이 오래 버틸 수 있는 이유가 된다. 진실을 가려 내는 것이 오롯이 개인의 몫이 된 지는 오래여도 나 스스로 습관에서 벗어나기 어렵기 때문이다. 여전히 전통 매체의 기사를 일단 믿고 공유하면서 책임은 매체라고 이름표가 붙어 있는 지면에 전가한다. 바빠서, 훈련받지 못해서, 시행착오가 부족해서, 우리 스스로 수동적 참여자의 역할을 끝내 벗어던지지 못한다. 악순환의 가속도가 만드는 힘은 내 관성으로 더 강해진다.

우리의 관성이 수명을 연장한다

악순환에 공급되는 혈액과 왜곡된 정보에 대한 우리의 믿음은 악순환의 수명을 결정한다. 악순환이든 선순환이든 운명은 '신뢰'에 달려 있기 때문이다. 신뢰란 겉과 속이 같을 때 돌려받는 보상이다.[16] 신뢰는 받는 사람, 주는 사람, 쌓이는 시간으로 구성되어 있다. 시간을 두고 정보의 축적을 통해 신뢰 관계가 자라고, 세상은 이 관계를 통해 움직인다. 악순환의 균열은 겉과 속이 다른 사실이 밝혀지고 신뢰에 균열이 갈 때 일어난다. 반대로 겉과 속이 다르다는 것을 인지하지 못할 때, 악순환은 계속될 수 있는 힘을 낸다. 무엇이든 지속 가능한 힘의 원천이 신뢰에 있다.

반대로 왜곡에 대한 자각은 악순환의 소멸을 돕는다. 예컨대 전 세계를 혼란에 빠뜨리고 누구도 믿어 의심치 않던 '코로나 팬데믹'도 정의의 상징이던 미국 정부,[17] 객관성의 상징이던 전통 미디어, 명망 있는 제약회사, 명망 있는 기업가,[18] 명망 있는 학자들[19]에 대한 오래된 믿음을 자원으로 출발했다. 하지만 이 글을 쓰는 2024년 이를 둘러싼 여러 의구심, 논쟁이 기어이 촉발하는 단계에 도달해 있다.[20]

자각이 일어나도 소멸까지는 시간이 걸린다. 환경, 기후, 에너지, 전쟁, 자연, 생태계처럼 수백 년 누적된 악순환의 악순환도 있다. 게다가 우리 스스로가 악순환에 적극적으로 참여하고 있는 경우는 문제를 인지한 다음에도 변화를 만들기 어렵다. 신뢰를 주고받을 대상을 찾기 어렵기 때문이다. 모두 이대로 가던 길을 가야 한다. 악순환이 충분히 돌아갈 수 있도록 성실하게 시간을 벌어 준다. 왜곡된 정보를 수혈하는 우리의 수동적 참여는 정당하게 인식된다. 그 참여가 옳다고 적절한 보상까지 제공된다.

겉과 속이 달라서 어차피 무너질 신뢰라고 하더라도 그 수명이 길어지면 성공과 다름없다. 악순환은 반드시 (관계의) 파괴를 초래하게 되어 있지만, 그때까지 얼마의 시간이 걸릴 것인지가 성패를 가를 것이다. 악순환의 수명을 최대한 늦추고자 하는 힘과 이를 최대한 빠르게 소멸시키고자 하는 힘 중에 나의 무게는 어디에 있는가. 작고 나약한 우리에게 소멸의 시간을 앞당길 힘이 있는가. 하지만 악순환은 밖에 있는 적이 아니다. 내 안에 있다.

참과 거짓의 구분은 흑과 백처럼 명료하지 않다. '의도intention'에 의해 정해진다. 검증되지 않은 정보를 생산하거나 전달하다 보면 악순환의 생애 주기에 참여하게 된다. 어디까지가 거짓이고 어디까지가 참인지는 자신이 알고 있다. 진실을 판단하는 입장에서도 마찬가지다. 진실은 누가 알려주는 것이 아니라 레퍼런스를 통한 나의 이해다. 내가 주인이다. 조금 부풀려지고 조금 타협하다 보면, 자연스럽게 진실에서 멀어지고 악순환에 저절로 합류된다. 지키지 못할 약속이나 근거 없이 장담을 먼저 하는 것도, 의도가 아니라고 억울해도, 결과는 거짓이 된다(나의 경험담이다). 악순환의 먹이사슬에 동참하고 결국 그 악순환에 기여한 역할을 통해 나 자신도 신뢰를 잃는다. 신뢰를 잃으면 관계가 끊어지는 결과를 맞는다.

악순환의 아킬레스건

거대한 인류의 악순환에 놓인 우리는 지금 모든 관계가 파괴되었다는 성적표를 받았다. 자연만이 아니다. 각자의 삶 안에 고인 물이 되었다. 악순환의 증표는 전쟁으로, 분열로, 소외로, 질병으로 수없이 드러나고 있다. 모든 생명과 공존할 수 있는 힘의 부재, 그로 인한 존재의 파괴, 자기가 누구인지 모르고 자살을 선택하는 사람들, 열심히 사는데 오히려 뒤로 가며 성장에 목마른 사람들, SNS로, 데이터로, 촘촘히 연결되어 있는데 등을 돌린 사람들. 나의 모습이다. 공존을 위한 생태계의 법칙이 파괴된 채 그 파편의 조각을 잡고 각자 생존의 방법을 찾고 있다.

풍요의 시대에, 물질적 가치를 풍족하게 나누게 된 때에, 왜 우리는 관계의 파괴와 생명의 고갈 앞에 서게 되었을까? 돈의 원리를 따라 열심히 살았는데, 왜 이 풍요는 반드시 악순환을 만들고 반드시 생존의 위협으로 이어지는가. 존재는 관계에 있기 때문이다. 연결은 '살아 있음'이 가진 본성, 인간의 본성이기 때문이다. 우리는 존재적 가치를 만들고 나누는 경험에서 멀어질수록 고갈되는 생명 자체이기 때문이다. 악순환의 치명적인 아킬레스건은 여기서 드러난다.

물질적 가치로만 작동하는 악순환에는 존재적 가치를 만드는 힘이 없다. 이것이 모든 관계를 파괴하는 비극을 초래한다. 왜곡된 정보, 의도된 정보를 아무리 공급해도 고갈될 수밖에 없다. 이 지점이 곧 선순환을 만드는 원리의 발견이다. 돈을 위해 협력하는 관계가 지속되면 될수록 존재(적 가치)는 희생되고 고갈된다. 반대로, 악순환을 무력화하고 참여자들을 선순환의 네트워크로 흡수할 수 있는 힘이 여기서 반작용으로 발생한다.

존재적 가치란 내가 아닌 세상(대상)을 향한 '왜'가 만드는 가치, 그 과정에서 성장하는 나, 치유되는 나를 만든다(다음 장 참고). 나눌수록 커진다. 돈이나 권력처럼 나눌수록 작아지는 것이 아니라 사랑, 기쁨, 만남(관계맺기)처럼 나눌수록 커지는 가치를 말한다(8장 참고). "알게 되면 사랑할 수밖에 없는 것들을 알아볼 수 있는 능력"의 발견이다.[*] 내가 누리는 것을 나누고 싶은 마음의 전염이다. 내가 누구인 줄 알기에, 내가 어디로 향하고 있는지 알고, 길을 아는 사람들이 발견한 삶의 비밀이다. 서로가 고갈되지 않도록 공급하는 샘물이다. 자신을 앎으로, 모든 결핍으로부터 자유로울 수 있는 샘물이다. 스스로 다른 생명을 위해 기꺼이 그 샘물이 되어 주는 능력이다. 그래서 여러 줄기가 만나고 합쳐지고 갈라지는 연결을 통해, 나누면 나눌수록 더 커지는 바다가 되는 과정이 곧 삶이라는 것을 체득하는 것이다. 진실의 왜곡을 통해 성장하는 악순환에는 이 가치가 없다.

악순환의 균열

출구가 여기 있다. 망가진 세상의 실체 앞에 선 우리는 본질적인 질문을 피할 수 없게 되었다. 비로소 멈춤 앞에 서게 되었다. 그런데 단 한 사람의 관점에서 보면, 어렵게 인지한 악순환이라도 벗어날 수 있는 방법이 별로 없어 보인다. 나 하

• 2024년 1월 5일 진행된 'Why 워크숍'(7장 참고)에서 조아영 님이 찾아낸 문제의 일부를 인용했다. "알게 되면 사랑할 수밖에 없는 우리 자신을 있는 그대로 솔직하게 만날 기회가 없다."

나 살기도 힘든 세상인데 얼마나 무모한 사람들의 바보 같은 짓이며, 스스로 벗어나기도 어려운데 어떻게 조직화를 꿈꾸겠는가. 새로 시작하고 싶어도 움직이는 가속도 안에서 멈추기는 쉽지 않다.

그럼 이 시대의 돈키호테는 누구이며, 어떤 메시아를 기다릴 것인가? 시대는 사람을 낳는다. 그 사람과 세상의 관계를 기록한 서사를 우리는 역사라고 부른다. 창조의 시간, 전쟁의 시간, 종교의 시간, 정복의 시간, 발명의 시간, 혁명의 시간의 중심에 그 사람들이 있었다. 그런데 연결이 지배하는 이 시대가 낳은 그 사람은 바로 우리, '한 사람'이다. 나처럼 나약하고, 보잘것없어 보이는 그 한 사람, 오직 단 한 사람이 이 세상을 바꾸고 기록할 힘을 가졌다. 모두가 하나의 몸처럼 연결된 네트워크 세상은 어디에도 센터가 없다. 흩어져 있으나 조직화할 수 있는 힘이 여기 있다. 운명 공동체의 세상에서 나의 힘은 세상을 움직이는 힘이다.

악순환의 균열은 나의 발견으로부터 비롯된다. 진실을 바라볼 수 있는 힘은, 나를 바라볼 수 있는 힘으로부터 비롯된다. 이때 지구의 먼지보다 작은 내 존재가 세상을 움직이는 힘을 낸다. 기술의 관점이든, 생태계의 관점이든, 존재의 관점이든 인류는 그 어느 때보다 결정적인 구간을 지나고 있다. 여기서 모든 크고 작은 문제의 해결 과정은, 저마다의 '왜'를 실현하는 과정은, 강물처럼 서로를 만나 서로를 깨우고 서로의 의식이 확장될 수 있도록 돕는 과정을 만든다. 살아 있는 미디어로 조직화된다.

정보란 운명 공동체를 결정하는 몸의 피와도 같다. 악순환에 갇혀 있을 때 치유는 어디에서 오는가? 답은 존재적 가치를 향한 각자의 '왜'에 있다. 지금부터 여러분 안에서 잠자고 있는 '왜'를 찾는 여행을 시작할 것이다. 내가 주목하고 있는 세상의 문제는 무엇인가, 각자 질문하고 답을 찾아가는 여정에서 우리는 오히려 자신을 발견하게 될 것이다. 바로 거기, 지도가 있다. 어디서 와서 어디로 가는지, 길을 잃지 않고 서로의 나침반이 되어 줄 '왜'를 만나러 가자. 선순환을 만드는 비밀은 이 책에 있지 않고 여러분의 발견에 있다. 진실된 나를 발견하는 모멘텀에 있다.

LIFE

MONEY

WHY

내 안의
나

TIME

BEING

'왜'를 찾아서 1편: 9시간의 사투
9 Hours of Struggle to Death

나에게 "무슨 일을 하세요?"라고 묻는다면, "나만의 '왜^{Why}'를 찾는 것을 도와주는 일을 합니다"라고 답할 것이다. "왜 그 일을 하세요?"라고 물으면, "한 사람의 변화가 그 '왜'에서 시작됩니다"라고 답할 것이다. "고작 단 한 사람이요?"라고 묻는다면, "한 사람의 변화는 가장 강력합니다. 세상의 변화가 여기 있습니다"라고 답할 것이다.

연결이 지배하는 세상에서 한 사람은 전체와 연결되어 있다. 연결을 만드는 매개자로서, 네트워크의 주체로서 각자의 세계를 이끌고 그 결과 세상을 결정한다. 그래서 연결이 지배하는 세상은 하나의 유기체다. 단 한 사람이 전체의 운명을 결정하는 상호 의존적 관계에 있다. 과거의 경직된 조직처럼 기계적이고 위아래의 위계와 지배 구조를 가진 모양에서는 불가능하던 일이다. 그러나 비즈니스든, 미디어든, 교육이든, 어떤 분야든 간에 이 낡은 구조에서 벗어나지 못하는 조직은 이미 도태되거나 소멸로 가고 있다. 여기, 한 사람이 만드는 새로운 세상이 있다.

'왜'는 그 시작이 되어 줄 질문이다. 누구를 만나고 조직하고 협업하기 전에 자기 삶의 주인으로 온전히 서는 것이 먼저이기 때문이다. '왜'는 요즘 유행처럼 고객을 팬으로 만들기 위한 전략적 사고가 아니다. 존재에 대한 본질적 질문이다. 이를 통해서만 네트워크의 살아 있는 주체로서 소식을 전하는 사람들과 함께 갈 수 있다. 가야 할 곳이 어디인지, 새로운 가치의 축이 무엇이고 어떤 원리로 작동하는지, 몸으로 세포로 체험할 수 있도록 서로 보여주고 돕는 사람들과 동행할 수 있다. 이 글은 그 여정을 돕기 위한 여행 가이드다.

어느 건축가의 여정

그는 유능한 건축가였다. 어려운 문제가 주어지면 항상 테두리 밖으로 나가서 해결책을 찾아왔다. 건축주들은 그런 능력을 높게 평가했다. 아무리 어려운 땅이 주어져도(예컨대 북향인데 앞은 막혀 있고 경사도 심한데 심지어 사각형이 아닌 땅) 반드시 답이 있었다. 그와 이야기를 나누고 설계도면을 받아 본

건축주들은 그가 얼마나 자기 일을 좋아하는지 대번에 알수 있었다. 30년도 넘게 진행해 온 100개가 넘는 프로젝트가 그에게 모두 유일했다.

그런데도 그는 악순환 속에 있었다. 밥 먹을 시간도 없이 언제나 쫓기고 있었고, 모든 프로젝트는 하나같이 설계 변경과 설득에 사용하느라 진이 빠지는 중이었다. 일을 할수록 가치가 쌓여야 하는데, 그렇지가 않았다. 우리는 그가 설계한 공사 현장에서 약 200일가량 함께 일하면서 무슨 일이 어떻게 일어나는지 아주 세세히 직접 볼 수 있는 기회를 갖게 되었다. 그리고 이 한 사람이 '왜'를 찾으면 어떤 일이 일어날지 몹시 궁금해졌다.

'왜'는 협업하는 팀을 한 방향으로 바라볼 수 있게 만드는 시작점[1]이다. 우리가 목격한 건설 현장은 한 방향은커녕 모두가 자기 방향만 바라보며 앞으로 가지 못하는, 어쩌면 가장 낙후된 분야의 청사진이었다. 공간의 경험은 더욱 중요해지는 반면 유한한 지구에 왜 자꾸 흉물이 가득 차고 있는지도 배우게 되었다. 건축가를 포함한 모든 관계자가 업의 본질적인 문제의 악순환에 동참하고 있었다. 이 한 사람의 '왜'가 이 상황을 선순환으로 되돌릴 수 있을까? 무엇보다 이 일에 진심인 한 사람을 돕고 싶었다. 그런데 완벽하게 짜인 그의 경력과 타인을 설득하는 언변, 탁월한 문제 해결 능력만큼 두터운 그의 방화벽을 뚫어 낼 수 있을까?

항상 질문의 여정을 시작할 때 처음에는 비집고 들어갈 틈이 없다. "이걸 배우면 더 빨리 가나요? 더 새로운가요? 더 유리한가요?" 머릿속은 이런 것들로 이미 가득 차 있기 때문이다. 그래서 본능적으로 빠른 출구를 찾는다. 완벽한 논리 속에서 질문자가 듣고 싶어 하는 정답을 말한다. 지어낸 정답도 아니다. 스스로 정답이라고 믿고 있어서 더 어렵다. 오랜 기간 숙성된 합리화된 믿음이다.

그것은 자연스럽게, 우리가 수십 년 받아온 정답 맞히기 훈련이 그랬듯이, 본질적 질문에 다다르지 못하고 워크숍을 설득의 과정으로 둔갑시킨다. 너무나 논리 정연하게 답을 잘한 것 같은데도 내가 만족하지 못하고 자꾸 꼬리를 물고 이어가면 이제는 짜증도 난다. 모두 이 정도 했으면 충분하다는 결론을 (아직 본질적 질문과 답을 발견하지 못한 길 위에서) 황급히 내리며 그만 마무리되기를 재촉한다. 하지만 99도에서는 물이 끓지 않는다. 99도는 '왜'를 찾는 여정에서 0도와 같다. 거의 다 온 것 같은 경험까지는 누구나 어렵지 않게 갈 수 있다. 하지만 반드시 물이 끓는 비등점까지 도달해야 비로소 의미를 만난다. 아무리 문고리를 붙잡고 나갈 준비를 해도, 100도까지 안내하는 것 말고는 끓도록 도울 다른 방법이 없지 않은가.

9시간의 사투

사전 세션들은 생략하고 본론으로 들어가자. 우리는 건축가로서 누구의 어떤 문제를, 어떻게 해결하고자 하는지 질문을 시작했다. 30년 경력의 전문가에게 너무 당연해서 오히려 죄송스러운 질문이 아닌가. 하지만 여기서부터, 우리는 30년을 여행한 후 맨 마지막에 다시 이 질문으로 돌아오게 될 것을 알고 있다. 목적에서 너무 멀어져 다시는 되돌아오지 못할 것 같은 순간을 여러 번 지나, 심지어 지나온 인생을 복기하고 잔혹했던 시행착오도, 세포를 깨우는 설렘도, 그 근원까지 들어가 만져 보게 될 것이다.

"보이지 않는 것을 보이도록 돕는 것"이 건축가의 역할이라는 답이 돌아왔다. 멋졌다. 처음이자 마지막인 프로젝트에 임하는 건축주를 돕고, 그들의 상상을 실현시켜 주는 것이 업의 본질이라는 것이다. 자연스럽게 건축이란 단순한 결과물이 아니라 건축주, 사용자, 건축가의 역사(이야기)를 담아내는 과정으로 정의되었다. 답은 완벽했다. 하나하나 쪼개고, 분쇄해 가며 비집고 들어갈 틈은 별로 없어 보였다. 세션이 굉장히 길어질 것이 분명했다. 마음을 단단히 먹었다.

우리는 9시간 동안 질문과 답을 이어 갔다. 현실적인 문제를 하나하나 짚고 해체하며, '왜'와 답을 주고받았다. 아파트,

빌딩 등 수익을 위해 존재하는 수많은 건축 프로젝트의 본질적인 모순과 악순환의 이유들을 밝혀내는 과정에서 그는 건축가로서 일생을 돌아보는 긴 여행을 했다. 어떤 구조로 업의 문제가 건축가 개인의 문제로 고착되었는지, '그를 살아 있게 하는 설계'와 '고객의 수익을 위한 설계', 두 마리 토끼를 잡기 위해 어떤 방식으로 일해 왔는지, 시행착오는 실제로 어느 구간에서 발생해 왔는지 찾아가며 웅덩이도, 들판도, 절벽도, 바람도 만났다.

어렵고 포기하고 싶었던 순간들에 모두가 완전히 몰입되어 있던 그때, 그를 오직 '살아 있게' 해준 것은 다름 아닌 설계였다는 고백이 이어졌다. 천직이었다. 먹먹한 정적이 방 안에 감돌았다. 세션은 이제 클라이맥스를 향해 가고 있었다. 보석은 그가 오래전부터 가져온 것이다. 고작 질문 몇 개로 찾아줄 수 있는 것이 아니다. 그가 그 실체를 보기만 하면 된다.

바닥에서 발견한 빛

'왜'로 시작된 질문을 계속 들어가 보면 문득 놀라운 바닥까지 다다르게 된다. 내 안에 쌓여 온, 그래서 나름의 형태가 만들어진, 오랜 시간 간직되어 왔고 지금도 자라나고 있는 비밀이 있으며, 이 비밀을 세상에 알리는 것이 내가 일해야 하는 이유, 내가 살아 있는 동안 전해야 할 가치임을 저절로 알게 된다. 그래서 내가 발견한 나만의 '왜'는 가치가 만들어지는 뿌리다. 생명의 시작이다. 내가 어려움을 겪을 때마다, 의사 결정의 난관에 부딪힐 때마다 다시 찾아오는 베이스캠프다.

규격화된 삶과 의식과 세계관 속에서도 죽지 않고 심지어 살아서 자라나고 있던 생명을 발견하게 되면, 그것만큼 놀라운 순간이 없다. 우리 각자는 모두 유일한 존재다. 우리가 만든 규격화된 체계 안에서도 모든 생명은 다르게 태어나고 자란다. 아무리 같은 교육을 해대도, 왜 빨리 말을 배우지 못하냐고, 읽지 못하냐고, 계산하지 못하냐고, 생산하지 못하냐고 다그쳐도 그 생명은 죽지 않고 온 삶을 통해 유일한 경험을 누적해 왔다. 각자가 만나고 듣고 보고 읽고 생각하는 낱낱의 순간이 '나'를 만나 경험을 잉태시킨다.

그래서 경험이란 양방향의 기록이다. 어떤 외부의 입력도 만남도 내 개입 없이는 경험이 되지 못한다. 같은 것을 보아도 다른 기억을 갖는다. 다르게 느끼고, 다르게 표현하며, 각자의 경험 일기장에 다르게 쌓인다. 내가 억눌려 있는 순간에도, 인지하지 못해도 내 경험은 자란다. 의식이 자라나는 동안, 발견되지 못해 잠을 자고 있더라도, 나를 울리는 것, 나를 움직이는 것, 나를 신나게 하는 것, 나를 설레게 하는 것, 나를 감동시키는 것, 나를 새롭게 하는 것, 내가 살아 있다고 알려 주는 생명의 근원이 반드시 있다. 그 누구도 발견해 낼 수 없고, 대신해 줄 수 없고, 빼앗을 수 없는 것이 있다. 내 안에 감춰진 비밀, 단 한 번뿐인 내 삶의 주인으로 나를 이끌어 줄 나침반, 그 비밀이 있다. 내 안에서 자라난다.

저녁 8시 45분. 공간의 관리자가 회의실 문을 두드렸다. 9시면 문 닫는 시간이라며 그만 정리해야 한다고 일러 주었다. 건축가는 주섬주섬 일어설 채비를 했다. 오늘 정말 긴 여정이었고 많은 것을 발견하게 되었다고, 앞으로 일이 많이 바뀌게 될 것 같다며 고맙다는 인사를 진심으로 전했다. 하지만 우리는 아직 아무 곳에도 도달하지 못한 상태였다. 남은 15분이면 물이 끓기 충분한 시간이라고, 분명히 찾아낼 수 있다고 그를 붙들었다. 그리고 8시 55분, 갑자기 물이 끓기 시작했다.

그는 누구의 어떤 문제를 해결하기 위해 존재하는 건축가인지, 하나의 문장으로 명확하고 뾰족하게 정리해 냈다. 그도, 우리도 놀라움으로 시간은 잠시 멈춘 것 같았다. 그 순간은 모두가 알게 된다. 그것이 진정한 '왜'인지, 원래 감춰졌던 비밀이 발견되는 순간인지, 그럴듯하게 만들어 낸 문장인지 본인도 듣는 사람도 단번에 알 수 있다. 너무도 단순하고 베일 듯 뾰족해서, 그가 아니면 그 누구도 그 일을 해낼 수 없다는 것을 알게 되는 순간이 온다. 8시 55분, '왜'가 풀려나는 순간을 모두 목격하기에 이르렀다.

08 '왜'를 찾아서 2편: '왜'의 정체

Identity of Why

쉼 없이 달려온 지 정확히 9시간이 경과된 그 순간, 세포가 쭈뼛하게 서기 시작했다. 이제 건축가가 발견한 '왜'를 공개하면서, '왜'란 도대체 무엇인지 하나씩 정리할 것이다. '왜'를 발견하는 여정은 3단계로 이뤄져 있다. 첫째, '왜'를 정의하기 위해 구체적인 문제점pain points을 나열하는 단계가 요구된다. '왜'가 딛고 설 토양이다. 낱낱이 해부해서 더 발라낼 것이 없는 단계까지 내려가서 뼈만 찾아온다. 둘째, 주인공인 '왜'를 한 문장으로 찾아온다. 물은 여기서 끓는다. 셋째, 이 '왜'를 뿌리로 나(내 일)의 '존재 이유'가 정의된다. 어디로 길을 떠날지 나침반을 완성한다. 세 단계는 두리뭉실한 콘셉트를 넘어서서 단단하게 손에 잡히는 실체다.

다만, 타인이 찾아낸 '왜'가 구경꾼까지 100도로 끓게 만들기는 어렵다. 각자의 유일한 여정을 통해 몸으로 '왜'를 찾아내는 체험이 필요하기 때문이다. 그래서 글을 통해 처음 공개하는 이 간접경험이 얼마나 여러분의 세포를 깨우고 뇌를 깨우는 이야기가 될지 모르겠다. 그럼에도 '왜'의 실체는 내가 전해야 할 비밀이다. 오랜 시간 사람들의 '왜'를 만나며 알게 된 것을 전해야 할 임무가 내게 있다.

'왜'의 크기는 중요하지 않다. 꼭 지구를 구하러 떠나지 않아도 된다. 다만 내 삶이, 내 일이, 어디서 와서 어디로 가는지 아는 것, 스스로 삶과 일의 주인이 되는 것은 중요하다. '왜'는 목표의 설정이 아니다. 내 안에서 자라 온 실체, 본질의 발견이다. 그래서 고작 그 한 문장이, 한 사람 한 사람을 단단하게 만드는 경험이 된다. 변명은 충분히 했으니 이제 시계를 돌려 건축가의 '왜'가 풀려나던 시간으로 되돌아가자.

건축가가 발견한 '왜'

8시 55분, 그는 오래전부터 준비되어 있었다는 듯이 거침없이 네 개의 문제점을 쏟아냈다. 첫째, 건축주들은 동서남북을 보지 못한다. 이는 바람, 자연, 건물 등 토지마다 가진 컨텍스트다. 둘째, 수익과 직결되지 않는 공용 공간에는 관심이 없다. 셋째, 지하와 옥상 등을 잘 활용하고 싶지만 공사비 때문에 포기한다. 넷째, 방문하는 사용자(거주자가 아닌 사용자)를 위한 공간이 중요한지 모른다.

듣고 있던 우리는 서로 얼굴을 쳐다보았다. 여기가 비등점이었다. 다 이해하지는 못했지만, 명확하고 단단한 답이었다. 이런 문제점들이 존재할 수밖에 없는 단 하나의 이유, 이들을 포괄하는 본질적인 '왜'가 무엇인지 물었다. 답은 곧바로 이어졌다. 사투가 끝나고 그 방의 모든 질문들이 단번에 부서졌다. "모든 건축주들이 수익이 발생하지 않는 곳에 관심이 없다. 하지만 (건물의 가치를 높이는) 답은 바로 그곳에 있다."

그의 '왜'는 9시간 만에 쏟아져 나왔다. 시간은 잠시 멈춰서서 우리를 기다려 주었다. 지금 무슨 일이 났는지, 잠시 생각할 시간이 필요했다. 이 한 문장으로 모든 문제가 정의되었다problem definition. 이 하나에 건축주의 문제, 건축가의 문제, 건축물의 문제, 시공사의 문제, 사용자의 문제, 주변 환경과 방문자의 문제, 그러니까 모두의 문제가 들어 있었다. 돈이 안 되는 곳에 왜 답이 있다는 말인가.

이제부터는 질문이 뒤바뀐다. 그를 바닥까지 데려가서 '왜'를 꺼내 올 수 있게 돕는 질문이 아니다. 그의 놀라운 '왜'를 이해하고 배워서 한 팀으로 동행하기 위한 질문으로 전환된다. 돛은 이미 새로운 출발로 향하고 있었다.

수익이 발생하지 않는 곳은 건물과 만나는 주변의 경계, 수익(거주) 공간과 경계에 있는 지점들이다. 돈으로 바로 환산되지 않는다. 주인공이 될 수 없고 가치가 없는 주변 영역이다. 그러나 그는 보이지 않는 것을 보여주었다. 첫째, 그곳은 공공의 이익이 있는 곳이다. 누군가의 전유물이 되는 대신 경험이 나뉘는 공간이다. 둘째, 경계를 이루는 공간이다. 하늘과 땅의 경계, 건물과 외부의 경계, 건물로 들어가기 직전, 사는 사람들과 만나기 전, 대지의 경계선 등 모든 경계가 사라지고 새로운 공간으로 태어난다. 셋째, 그래서 연결을 만드는 공간이라는 것이다.

그는 이어 갔다. 거꾸로 말하자면 모두가 그냥 지나치지만, 오직 그 땅만 가지고 있는 답을 담은(을) 공간이다. 사용자의 경험이 건물의 자산으로 쌓이고 반응할 수 있는 곳이기 때문이다. 그래서 살아 있다. 콘텐츠를 둘러싼 컨텍스트가 살아나서 생명을 만들 수 있는[1] 연결의 지점들인 것이다.[2]

건축주들은 건물이 돈이 되기를 원한다. 많은 미사여구를 걷어 내면 결국 핵심은 돈에 있다. 그래서 긴 기간을 지나며 비용에 따라 의사 결정은 여러 번 수정될 수밖에 없는 것이 현장이다. 돈은 마르고, 당장 돈이 되는 수익 공간에 집중할 수밖에 없다. 갈수록 모두가 한 방향을 보는 팀이 아니라 각자 자기 방향으로 달리게 된다. 그런데 건축가의 '왜'는 이미 답을 가지고 있었다. 답이 '그곳'에 있다는 것은 이중적 의미다. 나눌수록 커지는 사용자 경험이 건물의 자산으로 쌓이는 곳이며, 그래서 건축주가 그토록 원하던 수익 가치가 커지는 결과까지 만드는 곳이다.

건축가의 한 문장이 반짝이며 '왜'가 무엇인지 교과서처럼 정리해 주고 있었다.

'왜'는 대상의 발견이다

문 닫을 시간에 쫓기던 차였다. '왜'를 찾은 우리는 섬광처럼 세션을 마무리했다. 전쟁을 치른 뒤에는 새벽까지 잠이 오지 않는다. 몸은 지칠 대로 지쳤지만, 뇌는 어느 때보다 깨어 있었다. '왜'를 몸으로 다시 배운 시간이기도 했다. 일주일의 시간이 빠르게 지나고 금요일이 왔다. 얘기한 것처럼, '왜'는 세 번째 단계인 '존재 이유'까지 가야 완성된다. 현업에 정신없이 쫓기며 일주일간 거의 사그라진 '왜'의 불꽃을 다시 살려내는 데 적잖은 시간이 소요되었다. 우리는 물이 끓던 일주일 전으로 돌아가 마침내 필요한 매듭을 지었다.

그래서 어쩌라는 건지, 왜 나여야만 하는지, 나의 일(삶)이 누구의 무엇을 돕기 위해 존재하는지, '왜'에 따른 내 '역할'이란 무엇인지. 내가 대체 불가능한 유일한 존재인지 발견되는 지점이다. 과정은 생략하고 결론만 꼽자면, 그는 "경계가 없

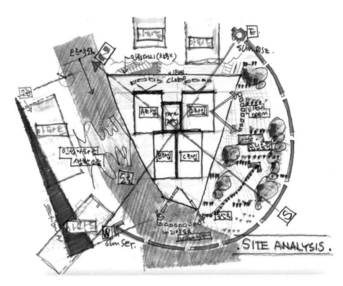

세모의 경사진 땅과 건축가의 스케치.

는, 살아 있는 건축물을 설계"하는 건축가로 정의되었다. 이 문장은 그가 유일하다고 말해 주고 있었다. 땅이 말해 주는 답을 들을 수 있어야 경계를 볼 수 있다. 경계를 볼 수 있어야 경계를 없앨 수 있다. 경계를 없앨 수 있어야 나눌수록 커지는 사용자 경험을 쌓을 수 있다. 그에게 '나쁜 땅'은 없었다. 모두 답을 갖고 있었다.

　같은 땅을 보고 더 멋진 건물을 그려 낼 수 있는 건축가들은 더러 있을 것이다. 그런데 그가 유일한 이유가 있다. 그의 '왜'가 어떤 대상을 향해 있기 때문이다. '왜'는 나에게만 보이는 대상을 향해 빛난다. '왜'는 그래서 반짝이는 보석이다. 항상 나 자신에서 출발해도 결론은 내가 아니다. 대상의 발견으로 끝난다. 내가 어떤 대상의 어떤 문제를 돕는 데 온 삶을 사용하고 싶은지 알게 해준다. 이 존재를 구체적으로 발견해야 비로소 내 존재를 알게 된다. 생명은 오직 관계 안에서 자라기 때문이다.

'왜'를 가진 사람은 아름답다. 스스로를 비춰서가 아니라 다른 대상을 향해 있기에 감출 수 없는 빛이 난다. 건축가는 나눌수록 커지는 가치를 공간 사용자들이 경험하도록 돕고 싶다. 이는 함께 나누는 사용자의 가치, 그런 경험을 매개하는 공간의 가치, 그런 공간을 설계하는 건축가의 존재적 가치 모두를 포괄하게 된다. 그 결과는 건물의 물질적 가치로 돌아온다. 사용자의 경험이 쌓이고 그 경험에 건물이 반응하면 할수록, 시간이 흘러도 건물은 죽지 않고 오히려 살아난다.

건축가의 '왜'는 자신의 업적도, 건축주의 돈도 아니었다. 작은 공간에서도 숨을 쉴 수 있고, 시간이 잠시 멈추는 일탈의 경험을 할 수 있게 돕고 싶었다. 그의 '왜'는 그런 공간이 필요한 사용자들을 향해 분명하게 반짝이고 있었다. 오직 그에게만 보이고, 그에게만 들리는 소리, 그만이 해결할 수 있는 문제가 있었으며, 그를 응원하는 일은 누가 봐도 더 좋은 세상이 되도록 돕는 일이었다.

마라톤 세션이 끝나갈 즈음, 눈을 감아 보았다. 경계 없이 흐르는 공간에서 사람들이 숨을 쉬고, 걷고, 함께 웃고 위로 하고, 읽고 나누는 풍경과 소리가 우리에게도 보이고 들리기 시작했다.

'왜'는 스스로 성장한다

이 보석으로 세상을 얻기에 충분하다. 온전히 삶의 주체로서, 고립되거나 종속되지 않고, 연결의 가치를 만드는 주체로 살아갈 수 있다. 나침반이고 마르지 않는 샘이 된다. 보석을 가진 사람들은 서로를 알아볼 수 있다. 나눌수록 커지는 가치를 위해 조직화할 수 있는 힘이 여기서 나온다. '왜'가 없는 실행이 가치의 선형적 성장을 만든다면, '왜'를 가진 실행은 기하급수적 성장의 궤도에 있다. '왜'에 감춰진 두번째 속성이다. '왜'는 스스로 성장한다(《Time: 굴레 속의 자유》에서 자세히 다룬다).

모든 것이 무한 규모로 변화하고 확대되는 네트워크 세상에서 '왜'는 사치스러운 질문이 아니다. 뿌리다. 바이럴을 만들고 고객을 팬으로, 직원으로 만들고 싶어 전략부터 찾는 사람들에게 묻고 싶다. 본질적인 '왜'의 발견 없이 가치는 시작될 수도, 성장할 수도 없다. 대체 가치가 무엇인가? 뿌리를 내리기 시작한 생명은 만남으로 자란다. 내 '왜'에 동의하는 한 사람, 내 '왜'가 향하고 있는 한 사람, 내 '왜'와 방향이 같은 한 사람, 내 존재를 지지하고 공감하는 사람들을 만난다. 건축가도 그 길을 가고 있다. '왜'가 있어도 여행은 험난하다. 기존의 관성이, 모든 환경이 다시 나를 붙들기 때문이다.

그럼에도 작은 체험이 배움이 되는 사이클을 여러 번 지나는 동안 작게 작게, 점점 크게[3] 이 비밀이 전해지는 시간은 가속될 것이다. 그래서 '왜'의 정의는 이미 강력한 협업의 시작이다. '왜'는 때로는 쪽팔리고, 때로는 불리하고, 때로는 늦어도 끝까지 붙들 수 있는 이유, 흔들리고 지치고 나약한 나의 모든 의사 결정을 돕는 평생의 조력자이며, 그런 조력자를 만날 수 있게 돕는 매개체다.

'왜'는 전해야 할 비밀이다

건축가의 '왜'는 뾰족하게 발견되기 전까지 비밀이었다. 다만, 이 비밀은 우리가 알던 것과 좀 다른 속성을 지닌다.

비밀은 원래 간직되어야 한다. '너한테만 말해 주는 거야' 릴레이가 시작되면 비밀은 더 이상 가치가 없다.[4] 그런데 이 비밀은 간직할 비밀이 아니다. 전해질수록 빛이 난다. 비밀이 되지 않을 때까지 널리 전해져야 비로소 가치가 부여된다. 그래서 감춰진 보물이다. 널리 전하는 방법도 '왜'가 알고 있다. 지금까지 두 마리 토끼(그를 살아 있게 만드는 설계와 수익을 위한 설계)를 잡기 위해 혼자 동분서주했다면 이제는 다르다. 한 방향을 바라보는 동료를 만날 여행의 출발선에 이미 서 있다. 그 과정에서 내 비밀이 다른 사람의 비밀을 만나고 결합한다. 비밀의 가치는 나눌수록 계속 커진다. 선형적이 아니라 기하급수적으로, 심지어 무한히 커질 수 있는 네트워크의 원리를 따라갈 조건을 갖추고 있다.

하지만 지금까지 살펴본 것처럼, 이 여정은 자신이 '왜'를 발견해야만 시작된다. 당연한 것 같지만 당연하지가 않다. 내 안에서 자라고 있지만 나조차 존재를 알아채지 못한다(3장 참고). 대부분의 경우는 질문이 사라진 세상, 경쟁 기차 안에서 발굴되지 않고 묻혀 버린다. 건축가의 '왜'는 언제나 그 안에 있었다. 쫓기던 시간을 멈추고, 모든 것을 걷어 내고 정면으로 마주하는 용기가 필요했을 뿐이다. '왜'를 발견한 후에도 갈 길은 멀고 험하다. 하지만 베일 만큼 뾰족하고 명확해진 그의 '왜'는 그를 다시 정의한다. 이제 그는 답을 가진 사람이다.

'왜'는 답을 가지고 있다

이제 '왜'의 마지막 속성, 지금까지 언급한 줄거리의 결론이다. 수많은 세션을 거듭하며 깨닫게 된 것, 나를 뒤흔들었던 '왜'의 정체다.

우리가 사는 세상에는 영원히 결합하고 화해할 수 없는 두 가지 가치가 공존한다. 한 사람 안에 감춰져 있던 '왜'는 두 가치 사이에 존재해 온 평행선, 화해할 수 없는 성질, 분리된 경계를 단번에 무너뜨리는 힘을 갖고 있다. 부정할 수 없는 두 가치의 대립이 '왜'를 통해 부서진다. (파괴된) 세상을 되돌릴 힘을 가지고 있다. 그래서 가장 강력하다.

두 가치 중 하나는 물질적 가치다. 온 세상의 질서는 돈의 가치로 이뤄져 있다. 돈은 나눌수록 작아진다. 질량 보존의 법칙이 작동하는 가운데, 서로의 소유가 서로의 분량을, 그래서 존재를 결정해 왔다. 조금 줘야 많이 남고, 준 것보다 많이 받아 내야 내 것이 커진다. 내가 어느 쪽에 위치해 있든, 상대의 결핍이 내 잉여를 만든다. 계약과 고용으로 이뤄진 모든 업무 관계가 그렇다. '왜'가 부재할 때 오직 돈만이 의사 결정의 기준이자 목적이 된다. 하지만 '왜'가 있다 한들, 그 '왜'가 아무리 좋아 보여도 무슨 소용인가. 모든 참여자에게 결국 물질적으로 더 유리한 가치를 부여하지 못한다면 아무도 움직일 힘이 없다.

다른 하나는 존재적 가치다. 물질적 가치의 위력에도 좀처럼 죽지 않는다. 우리 안에 심겨 있다. '저는 돈을 많이 벌기 위해 존재합니다'라고 말하는 사람은 없다. 그런데 물질적 가치와는 반대로 이 가치는 나눌수록 커진다. 모두의 지치고 찢기는 삶의 고통스러운 과정에서도 이 가치는 우리를 살아 있게 해준다. 대상이 누구고 무엇이든 이런 경험을 모두 가지고 있다. 다만, 시간에 쫓기고 돈에 쫓기고 평판에 쫓기고 그래서 성과에 쫓기는 삶을 사는 동안, 맞춰 보지 못한 퍼즐 조각이 되어 우리 삶 속에 흩어져 있다.

본질적인 '왜'는 여기서 풀려나는 경험을 선사한다. 둘 중 하나를 선택해야 하는 운명, 그래서 물질적 가치에 종속되어야 하는 구조에서 벗어난다. 모든 '왜'는 존재적 가치를 나누는데 물질적 가치도 함께 커지는 선순환 구조를 갖고 있기 때문이다. 그래서 '왜'는 그 자체가 답이다. 악순환에서 벗어나지 못하도록 단련되어 있던 내가 '나'를 만나는 비밀스러운 발견이다. 연결된 세상에서 가치를 만드는 원리가 바로 여기에 숨어 있다. 무한대로 경계를 넘어서는 가치의 성장이 가능해진다. 세상의 모든 한 사람 안에 감춰진 힘이며, 이것이 '왜'의 정체다. 건축가도 깨달았다. 악순환에서 벗어나 선순환으로 가는 실마리가 이미 자신의 '왜' 안에 들어 있었다.

내가 발견한 비밀

무슨 일을 하든, 어떤 삶을 살든 나 자신만을 보고 있는 사람에게는 빛이 없다. 내가 아닌 다른 대상을 향해 있을 때, 나는 반짝인다. 생명이 오직 관계 안에 있다는 것은, 타인이 나를 정의해서가 아니라 내 '왜'가 바라보는 대상, 그 존재 없이 나를 정의할(찾을) 방법은 없기 때문이다. 여기는 연결이 지배하는 세상, 생명의 원리가 가치를 만드는 세상이다.

'왜'에서 출발한 조직화의 여행은 삶의 태도이자 일에 대한 태도이며, 관계에 대한 태도가 된다. 겉과 속이 같고,[5] 안과 밖의 경계가 없는[6] 네트워크를 만드는 원리가 바로 이와 같다. '왜'는 일관된 투명성을 유지할 수 있는 힘을 길러 준다. 나의 이유와 방향과 행동이 일관된 길이기 때문이다. 그래서 얽매이지 않는다. 자유롭다. 나는 이러한 우리를 살아 있는 미디어, 연결을 만드는 주체로 정의했다.[7] 미디어 개념의 틀을 깨고 살아 있는 네트워크의 주체로 나를 인지하기 시작할 때, 나는 자유롭다. 의식의 확장이 나를 더 넓은 나로, 더 넓은 세상으로 안내한다.

오직 단 한 사람에서 시작되는 시간은 더디고 느리다. 첫 뿌리를 내리는 데 많은 시간이 걸린다. 하지만 한 방향을 바라보는 사람들과 조직화되는 과정에 있다면 이미 길 위에 있다. 일과 삶과 존재가 하나가 되면 이미 돌이킬 수 없는 성장의 길에 있다.

나도 내가 발견한 비밀을 전하는 과정에 있다. 각자가 가진 비밀이 스스로에게 발견될 수 있도록 돕는 것, 매개자로 그리고 촉매자로 내가 해야 할 일이다. 내가 발견한 비밀을 더 멀리, 더 많은 사람에게 전하고 싶다. 그래서 더 이상 비밀이 되지 않을 때까지. 당신의 비밀은 무엇인가. 우리 안에 감춰진 수많은 비밀이 발견되고, 펼쳐지고, 서로에게 닿으며 합쳐지기를 원한다. 그 규모도, 속도도, 부^{wealth}도 살아 있는 네트워크의 원리를[8] 따를 것이다. 이 글은 당연히 그에 대한 실천이다.

'왜'를 찾아서 3편: 의식의 확장

Expansion of Consciousness

나의 성공 지표Key Performance Index는 퇴사율이다. 처음부터 의도했던 것은 아니다. 공부 열심히 해서 더 크게 매출에 기여하라고 회사의 가장 뛰어난 인재들을 교육에 보냈는데, 그 결과가 퇴사라니 황당한 얘기다. 그런데 이런 일은 반복적으로 일어난다. 비즈니스의 본질적 변화, 가치를 만드는 원리가 본질적으로 진화했음을 깨닫게 되면, 선택의 폭은 넓지 않다. 지금은 천동설과 지동설이 공존하는 세상이다. 두 관점을 적절히 조화시킬 수 있는 레시피가 없다. 하나가 진리로 밝혀지면 하나는 거짓이 된다.

비즈니스의 천동설

비즈니스에서 천동설은 근대에서 현대까지 수백 년간 유지되어 왔다. 기업은 가치를 만들고 전달하는 주체이며, 그래서 소비를 창출하고 시장을 이끄는 주체가 되어 왔다. 생산을 중심으로 모든 가치 사슬이 만들어지고 이에 따라 시장도, 사회도, 그래서 세상도 돌아갔다. 지구를 중심으로 태양이 도는 것처럼, 이익을 창출하는 비즈니스를 중심으로 세상이 돌아갔다. 이에 따라 인류의 성장이, 질서가, 문명이 이뤄져 왔다. 개인의 삶도 기업이 만드는 가치를 따랐다. 더 멋지다고 말해주는 메시지를 따라서 입었으며, 더 건강하다는 메시지를 따라서 먹었으며, 더 편리하다는 메시지를 따라서 구매했다.

세상이 변해서 소비자가 생산자도 되는 세상이 왔다고 하지만, 천동설에 대한 믿음이 한 번에 사라질 수는 없다. 세계관은 존재를 이해하는 관점이자 그 시대를 사는 사람들의 삶의 기준이다. 그래서 고객의 어떤 문제를 어떻게 해결할 것인가로 시작한 회의도 결론은 어떻게 더 잘 팔 것인가로 끝난다. 가치를 만드는 주체가 기업이라는 관점에 머물러 있으므로 근원으로 내려가면 (고객의 문제가 존재하기 전에) 태초에 이익을 창출해야 하는 기업이 있는 것이다.

프레임은 당위성을 만든다. 이 세계관에서는 ESG도 기업의 이익 창출을 위해 택할 수밖에 없는 경영 전략이다. 고객에게 전달해야 하는 가치, 제품, 메시지 모두 이익 창출이라는 미션의 틀 안에서 결정된다. 스스로가 깜빡 속을 정도로 포장을 잘해도 근원은 같다. 돈이 있어야 뭐든 할 수 있다. 돈이 있어야 비즈니스도 존속하고, 성장하고, 일자리도 창출하고, 좋은 일도 할 수 있지 않겠는가. 돈을 벌어야 한다는 명제는 진리가 된다.

그래서 '왜'를 찾는 시간도 당연히 이 세계관의 지배를 받는다. 대화 자체가 자동으로 상대방을 설득하는 과정이 된다. 고객을 설득하고 회사를, 팀원을, 파트너를, 그래서 자기 자신을 설득하는 과정에 언제나 갇혀 있었기 때문이다. 이것을 인지하는 데는 상당한 시간이 요구된다. 8장에서 소개한 건축가처럼 설득도, 전략도, 의도도, 회피도, 선택도 없이 있는 그대로 문제점 서너 개를 가장 단순한 문장으로 나열하는 것이 그렇게도 어려운 것이다. 모두에게 일어나는 일이다.

그전까지는 '왜'가, '질문'이 고객을 직원으로 만들어 더 성공하기 위해 필요한 것으로 이해한다. 아무리 스스로 아니라고 다짐을 해도 답은 프레임에서 도무지 벗어나지 못한다. 본질적인 '왜'도, 어떻게 팬 네트워크를 만들 것인가에 대한 전략으로 알아듣는다. 기업이, 조직이, 내가 가치 생산의 주체이며, 물질적 가치로 환산되는 것만이 결국 가치라는 관점에 간

혀 있으면서, 새로운 관점(이후에 정리할 지동설의 원리)을 겉모
습만 차용하려고 할 때 오류는 반복되고 깊어진다.

과거의 가치 패러다임

	목표/수단/결과	희생된 제물
목표	풍요Abundance	존재Being
가치	미래Future	현재Present
협업 방식	위계Hierarchy	창발Creation
생산 방법	대량Mass	혁신Innovation
개인의 역할	주어진Given	질문 능력Questions
사회관계	지배와 종속 Command & Control	협력Collaboration
생산수단	노동Labor	관계Relationship
생존 수단	가면Mask	투명성Transparency

비즈니스 천동설에서는 물질적 '생산성'을 중심으로 모든 질서가 정립되고,
보이지 않는 것은 (가치가) 없는 것으로 인식되어 왔다. 예시는 '희생된 제물'
에 열거된 것들이다.

질문의 힘

이 세계관에서 어떻게 빠져나갈 것인가? 출구를 찾는 방법

은 하나뿐이다. 출구가 외부에 있지 않고 내 안에 있으므로, 특별한 여행을 시작해야 한다. 어디 관광지로 멀리 쫓기듯 떠나지 말고 내 안으로 돌아와야 한다. 질문의 등장이다. 바쁜 것이 능력인 세상에서, 빨리 공부하고 습득하는 것이 능력인 세상에서, 서성이는 듯 답에서 멀어지는 시간을 견디는, 답답하고 쓸데없어 보이는 과정을 마주하기로 한다.

질문은 이정표다

답을 알아서 유도하는 질문이 아니다. 질문은 여행을 돕는 이정표다. 자신의 방에서 스스로를 마주하고, 만지고, 알아차리는 여행이다. 어쩌면 그래서 가장 길고 험난하다. 단체 관광 같은 정답이 없다. 희소식은 이미 시작된 여정을 포기하거나 타협하지 않는다면 반드시 자신만의 '왜'를 발견함으로써 답에 이르게 된다는 것이다. 질문은 산 중턱에서 '여기가 바람도 불고 좋습니다', 갈래 길에서 '이쪽이 익숙한 길입니다', 험한 길에서 '다들 이쪽으로 가는데, 왜 이탈해야 하나요?' 의아해할 때 길을 잃지 않도록 돕는다.

오류를 인지하기까지 오랜 시간이 걸린다. 질문에 질문을 거듭하고 가장 단순한 지점, 아무것도 남겨지지 않는 바닥까지 내려가서 '왜'를 스스로 찾아낸 다음에야 세포가 깨어난다. 단순하지만 내 몸이 인지하기 전까지 바라볼 수도, 들을 수도, 말할 수도 없던 어떤 원리에 도달한다. 논리적으로는 아직 정의되지 않지만 분기점에 와 있음을 몸이 알게 되는 순간이다. 본인을 포함하여 이 과정을 지켜보던 모두는 순간 소름이 돋는 경험을 한다. 머리가 아닌 몸으로, 답이 나왔음을 단번에 알아차리는 순간이다. 이전 글에서 물질적 가치(돈)와 존재적 가치의 대립이 부서지고 서로 연결되는 비등점으로 설명한 바로 그 부분이다.

질문은 이탈이다

우리는 그동안 모두 같은 시스템 안에서 세계를 만나고, 그 사회의 일원이 되었다. 동일한 교육을 받고, 동일한 콘텐츠를 소비하고, 동일한 방식으로 일하며 동일한 가치를 만들도록 훈련되어 왔다(5장 참고). 모든 것은 규격화되었으며, 상식common sense의 지배를 받아 왔다. 질서 정연하게 앞만 보고 걸어가도록(2장 참고) 의식 체계는 틀 안에서 감금되어 있었다. 그래서 많은 경우, 다른 것은 틀린 것이다. 같은 것을 보고, 같은 것을 듣고, 같은 것을 말하고, 같은 것을 추구한다. 기준이 같으므로 경쟁으로 우열을 가리기도 쉽다. 인재의 정의도 쉽다(5장 참고).

　내 안에서 숨겨진 '왜'가 발견되지 않고 사장되는 이유도 여기에 있다. 이미 스스로 세뇌한 '왜'가 자리를 차지하고 있기 때문이다. 우리는 회사의 일을 원래 내 목표나 천직이었던 것으로 합리화해 내는 데 선수다. 대표님 비전이 내 비전이고 미션이라는 믿음이다. 제안서를 만들며 스스로 설득되고 고객의 선택까지 받으면 성취감은 더 커진다. 동료들과 밤을 새우며 고객(팀장, 임원, 사장, 소비자 등 돈을 주고 평가하는 주체)을 설득하기 위해 노력하던 시간은 열정적이었다. 그런데 남 탓하며 종료된 수많은 프로젝트의 이유는 어디에 있었을까?

나도 같은 과정을 거쳤다. 왜 지금 여기서 이 일이어야 하는지 물어볼 생각은 없었다. 본질적인 질문에 다다르기 위한 시간의 부재, 그래서 존재의 부재, 내 안에 감춰진 비밀이 있을 리가 없었다. (1장에서 언급했던) 일생일대의 계기가 찾아오기 전까지 나 또한 스스로를 잘 설득해 왔고, 그래서 충분히 멋졌다.

질문은 멈춤이다

질문과 답이 바닥까지 이어져 아무것도 남지 않게 될 때, 궁극에 한 지점에 도달한다. 경쟁 기차 안에서 더 빨리 가려고 뛰던 사람도, 기차에서 이미 내려서 생각을 시작한 사람도 마찬가지다. 난이도는 다르지만, 질문의 질문은 통과점을 만들고 결국 한 지점에 도달하게 되어 있다. 질문은 시간을 멈추는 힘이다. 8장에서 소개한 건축가의 사례에서처럼, 내 안에 감춰진 나만의 비밀을 내가 만나는 순간, 시간이 잠시 멈춰 나를 기다려 주는 찰나를 경험하게 된다.

누가 밖에서 알려 주는 것이 아니라 스스로가 스스로의 비밀과 만나는 그 지점, 언제나 내 안에 있었다는 사실을 문득 발견하게 되는 그 지점, 질문이 존재를 만나는 그 지점, 질문이 존재가 되고 존재가 문제를 정의하게 되는 그 지점, 이 화학작용이 나를 깨우는 마법의 순간이다. 틀을 깨고 나올 수 있는 힘을 가진다. 단순히 한 시대에서 다른 시대로 넘어가는 관문이 아니라, 가치를 만드는 원리가 '나'로부터 시작된다는 체험이다. 여기가 출구다.

비즈니스의 지동설

풍요의 세상이다. 생산이 가치를 만드는 세상이 아니라 그 반대다. 생산은 무한해졌다. 모든 것이 넘쳐나는 풍요와 잉여의 세상에서, 누구나 생산의 주체가 되므로 오히려 무엇이 가치인지 가려 내는 능력, 무엇이 문제인지 정의하는 능력, 그래서 서로의 시간을 낭비하지 않고 절약하도록 도와주는 능력이 가치를 만드는 세상[1]이 되었다.

풍요의 세상에서는 '연결'이 가치를 만든다. 연결의 결과는 네트워크다. 이익 창출을 목적으로 하는 비즈니스가 중심이 되어 온 천동설의 시대가 가고, 가치가 무엇인지 찾아내고 그 가치를 만들기 위해 어떤 네트워크를 만들고 있는지가 중심이 되는, 정답보다 문제가 중심이 되는 세상이 온 것이다. '지속 가능함'을 만드는 원리가 세상의 중심이 되는, 기업은 이를 돕는 매개자가 되는, 그런 세상이 온 것이다. 비즈니스의 천동설이, 비즈니스의 지동설로 이미 전환된 시대에 우리가 벌써 와 있다.

문제 해결 방법이 달라졌다는 증거는 도처에 있다. 기후온난화가 좋은 사례다. 전 인류가 당면한 이 문제는 물질적 풍요를 이루는 과정이 낳은 결과다. 생산의 관점에서 보면 해결책은 절약, 희생, 규제, 억제다. 더 이상 생산하지 않거나 더 먹지 않거나, 심지어 인구를 줄이는 것이 해법이 된다. 하지만 생산 중심의 선형적 사고는 과거의 방식, 천동설의 관점이다. '오가닉 에너지 생태계'에서 정리한 것처럼[2] 생산이 아니라 '풍요'의 관점, 비즈니스 주체가 아니라 모두의 참여가 연결을 통해 가치를 만드는 관점에서만 문제 해결이 가능할 것이다.•

우리는 이미 새로운 질서 속에 있다. 블록체인은 모두의 참

• 연결이 지배하는 세상의 문제는 네트워크의 속성에 기반한다. 이에 따라 발생하는 비선형적/지수함수적인 이슈와 원리는 이 글에서는 자세히 다루지 않는다. 더 깊이 있게 이해하고 싶은 분은 <지수함수의 저주>(https://organicmedialab.com/2022/01/10/curse-of-the-exponential/)를 읽어 보기를 권한다.

여로 가치가 만들어지지만, 선의가 아니라 각자의 이익이 전체를 위한 이익이 되는 생태계[3]다. 생산의 주체가 주인이라는 관점으로 이해할 수 없는, 권력과 책임과 소유가 분산된 생태계가 자라고 있다. 챗GPT는 풍요로부터 답을 구한다. 개발자가 명령하고 생산자가 짜놓은 규칙대로 움직이는 소프트웨어 1.0의 시대가 가고, 우리가 남긴 데이터로부터 배우는 소프트웨어 2.0의 시대, 우리 모두의 참여가 만드는 세상이다. 선형적 사고로는 알 수 없는 일들이 기존의 질서를 압도하는 중이다.

여기는 전체가 유기체로 얽혀 있는 세상, 진화하지 않으면 도태되는 세상, 하나의 생태계, 마치 한 몸처럼, 한 방향을 보는 협업이 조직을 만드는 세상, 역할이 다를 뿐 누가 누구를 지배할 수 없는 세상, 그래서 각자의 '왜'가 없이 합류할 수도 없는 세상, 모든 것이 모든 것과 소통할 수 있는 투명한 세상, 투명하게 통신하지 못하면 피가 흐를 수 없는, 살아 있는 생태계의 멤버로서 각자의 행동이 모두의 운명을 좌우하는 세상인 것이다.

새로운 가치 패러다임

	목표/수단/결과	버려야 할 것들
목표	의식의 확장Survival	전통적 세계관Confined
가치	성장Learning	관성Inertia
협업 방식	유기적Self-organizing	위계 구조Hierarchy
생산 방법	연속적 혁신 Continuous Innovation	선형적 사고Linear
개인의 역할	선택Chosen	수동적Passive
사회관계	수평적Collegial	지배와 종속 Command & Control
생산수단	데이터/알고리즘 Data/Algorithm	낭비Waste
생존 수단	투명성Transparency	가면Mask

비즈니스 지동설에서는 각자의 성장이 서로의 '의식의 확장'을 돕는 데 기여한다. 이 도표는 2023년 테슬라가 현재 일하는 방식을 예시로 정리한 것이다.*

그렇다. 여기서는 이익을 창출하는 비즈니스 주체를 중심으로 세상이 돌아가지 않는다. 서로를 위한(서로 돕는) 가치를 창출하는 개인과 조직으로 이뤄진 네트워크의 원리로 세상이

* 전기차를 만드는 것이 목적이 아니라 '자동차의 네트워크'를 만드는 것이 목적인 테슬라는 기존과 완전히 다른 방식으로 동작하는 조직이다. 이에 대해 더 자세히 알고 싶다면 <네트워크 중심 사고란 무엇인가?>를 읽어 보기를 권한다.

돌아간다. 생명의 원리가 지배하는, 예컨대 비즈니스 지동설의 세상이다. 태양을 중심으로 지구가 도는 것처럼, 생명의 가치와 원리를 기반으로 개인과 조직, 기업이 협업하는 세상, 그래서 존재적 가치가 먼저 있고 돈이 있는 세상이다.

존재가 관계에 있으므로 내가 어떤 관계를 만들고 있는지가 가치를 결정하는 세상이다. 살아 있도록 서로를 깨우는 힘, 일으키는 힘, 내가 아닌 다른 대상을 향해 있을 때 내가 반짝이는, 그 대상의 문제를 해결하기 위해 나의 온 시간을 사용하는데 결국 그 과정이 내가 존재할 수 있는 힘이 되는, 그래서 관계로부터 가치가 만들어지는 존재적 가치가 지배하는 세상이다(8장 참고).

새로운 관계의 시작

각자가 발견한 '왜'는 이 세계관을 여는 문이다. '왜'를 찾았다고 갑자기 세계관이 변하는 것은 아니다. 그런데 '나'가 없으면, '왜'를 가진 나가 없으면 여기서는 지속 가능한 가치를 만들 수가 없다. 비즈니스 천동설에서는 나 없이도 세상이 돌아가고, 대중이라는 그룹이 나의 정체성을 정의했다.[4] 그러나 생명의 원리로 동작하는 세계관에서는 나약하고 보잘것없어 보이는 한 사람 한 사람의 '왜'가 중심이다. 물질적 가치와 존

144

재적 가치가 연결된 구조에서 나의 개입이, 방향을 만들고 조직화하는 힘을 만들고 '지속 가능한' 힘을 서로에게 더한다.

앎이란 의식의 확장인 동시에 편견이다. 의식의 확장은 기존에 우리가 알고 있다고 믿어 온 것을 객관적으로 바라볼 수 있을 때, 머리가 아니라 몸으로, 촉각으로, 세포까지 알게 될 때 비로소 일어난다. 이 확장은 결과가 아니라 과정이어서, 멈추면 갇히고 지속되면 편견으로 끝난다. 흥분되는 변혁의 시기다. 눈과 귀를 열어 두기를 멈추면, 정체된 거기가 여행의 마지막 지점이다.

천동설의 틀에서 벗어나지 못하도록 막고 있는 것은 시스템이 아니다. 오랜 시간 교육을 통해, 관계를 통해, 상식을 통해 내 안에 심겨 온 믿음이다. 동료가 막거나 세상이 막고 있는 것이 아니라 내가 알고 있던 지식이 나를 막고 있으며, 우리 사회가 알고 있던 지식은 이미 편견이 되었기 때문이다. 살아 있는 네트워크의 원리, 한 방향을 보는 사람들과의 만남, 그 과정에서 가치를 만드는 것은 스스로에 대한 존엄함을 배우는 과정이며, 다른 사람들이 존엄한 존재임을, 그 관계에 각자의 생명이 연결된 형태로 있다는 것을 알아차리는 과정이다.

과거 천동설과 지동설은 무려 150년간 공존했다. 태양을 중심으로 지구가 공전하고 있다고 어떻게 갑자기 받아들일 수 있을까? 이것이 진리로 드러나면 무엇을 해야 할까? 먼저 질문을 통해 자신의 '왜'를 몸으로 알아내야 한다. 그리고 가치를 만드는 (네트워크의) 원리를 몸으로 습득해야 한다. 그래서 첫째 '왜'와, 둘째 생명의 원리와, 셋째 나의 체험이 떼려야 뗄 수 없는 관계에 있음을 몸으로 알게 되어야 한다. 그다음에 행동은 저절로 바뀔 수밖에 없다. 생명의 원리가 지식으로 존재하는 것이 아니라, 내가 그 자체가 되었기 때문이다.

LIFE

MONEY

WHY

TIME

굴레 속의
자유

BEING

10 시간의 재발견: 해피엔딩의 함정
Time Trap of Happy Endings

째깍째깍. 우리가 숨을 쉬고 있다는 것을 잊고 사는 것처럼, 시간은 들리지 않아도 항상 흐르고 있다. 내 생명이 끊어질 때까지 숨이 멈추지 않는 것처럼, 우리가 살아 있는 한 시간은 멈추지 않는다. 처음과 끝이 있는 일생에서 흐르는 시간은 떼어 낼 수 없는 그런 존재인 것이다. 우리 삶은 과거와 기억이 있고, 미래와 계획이 있고, 유년과 노년이 있는 시간의 기록이다. 다르게 말하면 시간은 우리 삶의 규칙이자 리듬과 질서, 평생을 이끄는 주인과도 같다. 밀고 가는 시간, 따라가는 시간, 쫓기는 시간, 기다리는 시간, 그 시간의 선형성 안에 우리의 사고가, 존재가 있다.

그러던 어느 날, 내 시계가 멈췄다(1장 참고). 시간의 선로 밖에 서게 된 나는 시간의 소리를 들었다. 쿵쾅쿵쾅, 들리지 않던 소리가 요란한 굉음이 되어 나를 압도했다. 나의 잘난 삶 전체가 차곡차곡 쌓아 올린 시간이 아니라, 그 굉음을 견뎌 온 낭비처럼 느껴졌다. 처음에는 막다른 골목의 벽에 놓인 것처럼, 더 가야 하는데 갈 수 없는 불안과 공포인지 가슴이 답답했다. 하지만 얼마나 지났을까, 모두를 싣고 달리는 기차가 시간의 선로를 따라 달아나듯 저 멀리 사라지는 것을 보았다. 문득 깨닫게 된 것은 남겨진 내가 아니었다. 바로 이때였다. 그 시간의 기차가 우리 모두가 만들어 낸 시뮬레이션이라는 것을 알아낼 때까지 오래 걸리지는 않았다.

내가 잊고 지내왔지만 사실은 갇혀 있었던 시간의 법, 시간의 굴레 안에 충실해 온 나를 보았다. 서로가 서로를 지배하기 위해 합의한 시간의 법 아래 우리를 보았다. 시계 소리가 멈추고 무한한 정적이 흘렀다. 무한한 시간, 영원의 시간을 보았다. 우리 삶을 지배하는 시간, 절약해야 하는 시간, 벌어야 하는 시간, 희소한 자원이자 주인인 시간이 아니라 우리가 함께 구해야 할 시간, 우리가 서로를 위해 함께 만들어야 할 시간, 주어진 시간이 아니라 함께 창조해야 할 시간을 보았다.

이 파트는 '왜'의 실행이다. 하나씩 풀어 가려면 현상에 대한 인식이 먼저일 것이다. 지금부터 우리가 알고 있는 시간의 개념을 새로 정리하고 네트워크 세상에서 가치가 만들어지는 원리를 시간 관점에서 이어 갈 것이다. 몇 편의 글이 시리즈로 필요하다. 여기서는 가장 먼저 선형적 시간의 굴레에 대한 인식을 시도할 것이다. 우리가 알고 있던 시간의 법을 물리적 시간, 사회적 시간, 경제적 시간의 관점으로 나눠서 각각 살펴본다. 이를 통해 선형적 시간의 쟁점을 이해하고, 다음 글에서 각자의 '왜'로부터 시작되는 시간, 함께 구해야 할 시간을 펼칠 수 있는 준비를 할 것이다.

물리적 시간

우리가 알고 있는 시간은 태생부터 선형적이다. 착착 앞으로 간다. 자연의 섭리이자 우리에게 벌써부터 주어진 시간이다. 가을이 가면 겨울이 오고, 봄은 대기 중이다. 시간이 되면 말라비틀어진 나뭇가지에 기적처럼 초록이 돈다. 한 해도 거르지 않는다. 이토록 시간이 선형적으로 흐르며 우리는 과거와 현재와 미래를 인식하고, 세상을 인식하고, 자연의 달력 안에서 서로를 알아본다. 태어나고, 크고, 관계 맺고, 늙고, 죽는다. 우리 생명은 물리적 시간의 법 아래에 있다. 세상에 제아무리 돈이 많고 똑똑하고 대단한 그 어떤 존재도 이 물리적 시간을 거스를 수는 없다.

인류의 역사는 그래서 물리적 시간과 공간의 제약을 뛰어넘으려는 노력의 결정체다. 문명을 이끌어 온 모든 발명이 그렇다.[1] 파피루스의 발명은 인류의 3000년을 기억하는 역할을 했다. 종이가 나오기 전까지는 전해 주는 사람이 옆에 있어야만 들을 수 있었으니, 잠자고 있는 세상의 비밀이 아직도 탐험가들을 통해 발견되는 중이다. 전기의 발명은 낮과 밤의 시간을 뒤바꾸고, 쉬지 않고 일하고 생산할 수 있게 해주었다. 라디오와 TV 매체는 소식을 알리는 수준을 넘어 인류가 알아야 할 것과 몰라도 되는 것을 선별하고, 의식도 통제할 수 있는 강력한 발명이 되어 주었다. 지금은 온 세상이 실시간으로 서로 아는 것을 앞다퉈 전하기 바쁘다. 이대로는 정보인지 쓰레기인지 데이터가 너무 심하게 쌓여 머지않아 아무것도 알아볼 수 없는 지경이 될 테니, 우리는 더 나은 다른 방식으로 기억하고 저장하고 알리기 위한 발명을 계속 반복할 것이다. 이것이 물리적 시간의 법을 살아온 인류의 역사다.

사회적 시간

물리적 시간 안에서 우리는 날짜를 만들고 시계를 만들고, 함께 살아갈 수 있는 방법을 만들었다. 물리적 시간을 용도에 맞게 쪼개고 라벨을 붙인 것이 사회적 시간이다. 서로 공유하는 시간을 기준 삼아 소통하고, 협업하고, 관계를 맺는다. 줌으로 연결된 시간, 출퇴근의 시간, 9시 뉴스 시간, 점심 시간, 수업 시간, 겨울방학, 크리스마스의 시간에 반복되는 리듬이 있고 따라야 할 규칙과 규범, 관습이 있다. 사회적 시간은 장사와 소비의 시간이기도 하다. 감사보다 거래와 영업의 시간이 된 명절, 새해 떡국처럼 이제 슈톨렌을 먹어야 하는 연말, 사랑 고백의 그레이드grade를 만든 발렌타인데이처럼 돈으로 살 수 있는 시간, 마케팅의 시간, 더 많은 라벨을 만들어야 하는 의욕의 시간이기도 하다.

사회적 시간은 우리가 어디에 있든지 공통의 기준을 만든다. 오래전에는 공유되는 시간이 동네마다, 지역마다, 나라마다 분절되어 있었지만 지금은 어디에 있든지 상관없다. 더 많은 사람의 의식을 통제하거나 영향을 미칠 수 있도록, 겹겹이 우리 삶과 가치관을 형성하고 갑옷처럼 내 몸을 단단히 조이고 있다. 함께 살기 위한 서로의 약속이 문제는 아니다. 반복되는 경험practice은 의식의 틀이 되고, 그 틀 안에서만 모든 것이 납득된다. 순응하는 것이 가장 사회적이다.

물리적 시간과 달리 사회적 시간은 우리 스스로 만들었는데도 죽을 때까지 벗어날 수 없는 시간이 되었다. 처음과 끝으로 구성된 모든 구간이 연속적으로 이어져 있고, 쪼개고 쪼개도 고갈되지 않는다. 탄생부터 오늘, 입학부터 졸업, 회의의 시작과 끝, 결혼 생활의 시작과 끝(죽음이 갈라놓을 때까지 평생 같이 했더라도 끝은 온다), 프로젝트의 시작과 끝, 휴가의 시작과 끝, 주말의 시작과 끝과 같은 크고 작은 어젠다를 평생 공유하고 있다.

게다가 제발 답을 하라고 쏟아지는 각종 SNS 알림은 개인이 소유할 수 있는 시간은 원래 없었다며, 영원히 벗어날 수 없는 굴레의 시간을 그만 받아들이라고 한다. 언제나 대기 중, 보류 중, 처리 중이다. 더 투명하고 구차하고 사소한 이벤트의 합이 실시간으로 누구에게든지 전해진다. 처음과 끝이 너무 잘게 쪼개져서 아예 보이지 않는 시간, 사회적 시간은 이제 처음과 끝이 인식되지 않는 전 지구적 동거의 시간이 되어 버렸다. 성장과 함께, 노화와 함께 주어진 시간으로 들어가고 나오는 것처럼, 삶의 스케줄표에 따라 죽을 때까지 빠져 나올 수 없는 시간의 흐름 안에 내가 있다. 사회적 시간이 만든 것은 시간의 노예가 아니다. 서로의 노예다.

경제적 시간

이는 당연히 경제적 시간의 법을 낳는다. 사회적 시간은 선형적 시간을 더욱 강력한 경제적 자원이자 도구, 심지어 목표, 최상의 가치로 승격하는 기반을 만들었다. 달리기와 같다. 더 빨리 가는 것이 이기는 것이다. 프로젝트의 성공은 가장 적은 비용으로 가장 빠른 시간 안에 가장 큰 돈을 만드는 것인데, 이때 시간은 돈이다. 경제적 시간은 돈으로 환산되는 시간, 함께 일하면서 절약해야 하는 시간, 노동의 시간이다. 이제는 시간을 버는 것만큼 가치 있는 일이 없다. 럭셔리 여행이나 힐링 프로그램처럼 시간을 잘 쓰게 해주는 각종 비즈니스가 흥행한다. 모든 것이 풍요로 넘치는 세상에서 이제 희소한 것은 오직 시간뿐이며, 이를 줄여 줄 수 있는 것이 세상의 모든 조직이 만들어야 할 가치가 되었다.

시간을 잘 채우는 것이, 잘 쓰는 것이, 멀티태스킹도 하고 아껴서 열심히 일하는 것이 가치를 만드는 것으로 인식하게 된 것은 당연하다. 여기서 벗어나면 왠지 하찮게 보인다. 바쁜 것이 능력이다. 뭐든 '생산적'이어야 한다는 생각은 이러한 시간의 선형성에 기반한다. 오늘 해야 할 일은 이미 정해져 있고, 늘 새로운 일이 그 위에 쏟아진다. 깊이 질문할 시간은 사치스럽다. 빨리 가야 하기 때문이다. 여백은 없으므로 문제보다 실행이 먼저가 된다. 가치도, 이유도, 목적지도 이미 정해져 있다. 시간이 있고 내가 있고, 일이 있고 가치가 있으며, 목적이 있고 관계가 있다.

시간은 삶의 굴레가 아니라 선형적인 사고의 틀로서 온전히 나를 지배하게 된다. 경제적 시간에는 앞과 뒤만 있고 옆이 없다. 쏜살같이 지나는 선형적 시간의 기차 안에서 볼 수 있는 것은 오직 나처럼 앞으로 가는 사람들, 나보다 빨리 가는 사람들, 시간이 갈수록 더 가까워지는 다음 정거장뿐이다. 시간이 실체라면 그 안에 갇힌 사고는 우리가 만든 시뮬레이션이다.

이에 대한 방증은 경제적 자유를 추구하는 사람들에게서 나타난다. 경제적으로 자유를 얻게 되면 시간의 굴레로부터 벗어나 (바다 한가운데서 유유자적) 존재적 자유를 얻게 될 것이라고 생각한다. 그래서 빚을 내서라도 주식이나 코인에 투자하는 사람들의 노력은 이상해 보이지 않는다. 경제적 시간을 돈으로 사는 것이다. 세상이 돈으로 통일된 것처럼, 시간도

시간의 굴레

Organic Media Lab, 2023

시간의 법칙은 우리의 사고에서 물리적·사회적·경제적 차원으로 진화해 왔다. 진정한 굴레는 시간이 아니라 우리가 쌓아 온 선형적 사고의 틀 안에 있다.

돈이 되었다. 그러나 4장에서 살펴본 것처럼, 돈은 자유를 사주지 못한다. 사회적 시간의 굴레에서 잠시 벗어나도 사고의 틀은 그대로 있기 때문이다. 경제적 시간이 기준이 되면 될수록 존재적 자유의 고갈은 오히려 인식조차 어려워진다.

경제적 시간은 우리를 더욱 비좁은 길로 인도한다. 시간이 주어진 자원이자 질서이자 약속이자 목적이 되었으니 시간의 틀에서 빠져 나갈 수 있는 방법은 도무지 없다. 질문도, 가치도, 관계도 모두 시간의 존재 안에서 소멸되었다. 그 대신 달리는 시간의 기차 안, 오직 선형적 사고의 틀 안에서 세상을, 서로를 바라보는 우리가 있다. 돈이 된 시간을 기준으로 모든 관계가 자라나고 평가됨에 따라 경제적 시간은 거꾸로 사회적 시간의 틀이 된다.

해피엔딩의 함정

영화에는 해피 '엔딩'이 있다. 두 시간 내내 악당에게 쫓기고 경찰에 쫓기던 주인공은 보통 햇볕이 내리쬐는 아름다운 해변을 거닐고 있다. 푸르게 아름다운 바다 한가운데 떠 있는 배 한 척, 그녀는 홀로 머릿결을 흩날리며 저 멀리 응시하고 있다. 또는 바닷가에서 사람들과 편하고 느긋하게 한잔하고 있는 모습이어도 좋겠다. 해피엔딩의 클리셰다. 구구절절 설명하지 않아도 영화가 묘사할 수 있는 주인공의 가장 큰 자유를 암시한다. 우리는 안도의 숨을 쉬며 마음 편히 화면을 끌 수 있을 것이다.

이런 장면은 꼭 악당이 아니어도 바쁜 빌딩에서, 끝없는 줌 미팅에서, 쏟아지는 카톡 알림에서, 쫓기던 삶에서 벗어난 극도의 자유를 연상시킨다. 그런데 먹고 싶을 때 먹고 자고 싶을 때 자고, 시간을 자유롭게 사용하면서 아무것에도 쫓기지 않는 꿈같은 삶도 여전히 시간의 굴레 안에 있기는 마찬가지다. 그런 삶이 잘못되었다는 것이 아니다. 우리가 알고 있는 선형적 시간의 법은 시간의 노예일 때도, 벗어난 것 같을 때도 우리의 모든 가치 체계와 의식을 여전히 지배하고 있다. 세상이 변해도, 의식은 갇혀 있다. 시간의 굴레 안에 우리가 있는 것이 아니라 우리 안에 의식의 굴레가 있다.

시간의 재발견

하지만 필사적으로 앞으로 가려는 선형적 사고 안에서 만들 수 있는 가치는 아이러니하게도 유한하다. 심지어 네트워크가 지배하는 이 세상의 관점에서 보면 오히려 왜소하기 짝이 없다. 우리가 만들고, 우리가 가두고, 우리가 쫓아가면서 더 비좁은 의식, 더 숨 가쁜 하루, 더 벗어날 수 없게 된 오늘은

158

현실인가, 스스로 만든 시뮬레이션인가? 끊임없이 사회적 시간을 경제적 시간으로 환산해 가면서 하루를 꾹꾹 눌러 담으며 살고 있는 오늘은 주어진 현실인가, 내가 만드는 결과인가? 경계가 없는 네트워크 세상에서 내 선형적 사고가 볼 수 있고 의식할 수 있는 범위는 얼마나 비좁은가?

연결이 지배하는 세상에서 실시간성은 기본 값이 되었지만 여기서 가치를 만드는 시간이 어떻게 동작하는지 그 원리를 배우지도 못했고, 그러니 체험한 적도 없다. 지금까지 체득된 것은 오직 사회적 시간과 경제적 시간이 함께 극대화한 선형적 사고의 틀이다. 틀이 무서운 이유는 아무리 밖에서 벽을 허물어 줘도 정작 나는 꼼짝도 못하기 때문이다. 힘을 꽉 주고 있는 근육이 움직이지 못하기 때문이다. 우리의 사고의 틀이 어떻게 만들어져 왔는지 잠시 멈춰 생각할 시간이 있다면, 그 시뮬레이션에서 벗어날 수 있는 능력도 내게 있다. 여기 우리가 구할 수 있는 시간이 있다. 흘러서 지나가는 시간, 아껴서 써야 할 시간이 아니라 함께 구해야 할 시간이 있다.

주제는 시간의 자유가 아니다.[2] 선형적 시간의 논리 안에서 노예 상태를 벗어나라는 메시지였다면 이 글을 쓸 필요는 없었을 것이다. 그보다는 우리를 지배해 온 선형적 시간의 틀을 깨고, 내 안에 있던 '왜'를 깨워 관계를 통해, 서로의 도움을 통해, 도움 받기를 자청하고 도움 주기를 넘치게 할 수 있는 그 관계 안에서 조직화되는 우리 자신을 보기 위한 것이다. 이를 통해 함께 만들어 가는 새로운 시간으로 갈 것이다. 네트워크가 지배하는 세상에서 가치를 만드는 원리가 여기 있다. 다음 글에서 '네트워크의 시간' 속으로 함께 들어가자.

11 시간의 해체: 데자뷔에서 유레카로
From Déjà Vu to Eureka

변화는 살아 있는 것이다.

"변화라는 것은 한 상태에서 다른 상태로 옮겨가는 것
이 아니라 끊임없는 운동의 연속이고, 우리가 변화라고 인
지하는 지점만 변화처럼 우리에게 기록되고 표현되는 것
이다."[1]

내가 보통의 회사를 다닌 기간은 길지 않다. 박사과정을
마치고 프랑스에서 일했지만, 출근하는 회사라기보다 프로젝
트 기반으로 움직였다. 한국에 와서 함께 일하던 팀과 통째
로 대기업에 들어갔고, 4년 가까이 머문 후 퇴사했다. 스타트
업을 설립했지만 보통의 회사가 되어 가는 경험을 했고, 피를

철철 흘리며 대기업으로 들어가 비를 피하기도 했다. 얼마 지나지 않아 보통의 회사 생활을 영원히 마감한 후 10년 전 지금의 연구소[2]를 만들었다. 그 후 4년여 스타트업도 병행했고,[3] 지금도 현재 진행형이지만 인내와 배움 속에 내가 가장 잘할 수 있는 일, 오직 내가 해야 하는 일에 비로소 집중할 수 있는 삶까지 왔다. 여기서 내 '왜'를 따라 한 발씩 내딛으며 여러분을 만났다. 네트워크 세상을 움직이는 시간의 비밀을 만난 것도 이 길 위에서이지만, 그동안의 체득 없이는 거기 있어도 보지 못했을 것이다. 발견한 것은 나눠야 한다고, 내 '왜'가 말하고 있으니 오직 잘 전하는 것 말고 도망갈 출구가 없다.

틀 안에 갇힌 사고

누군가는 편한 직장 박차고 나와 계속 사서 고생한다고도 하고, 하기야 돌아보면 파란만장하기도 하고 각 조직마다 시간이 다르게 흐르기도 했다. 조급하게 가기도, 고여 있기도, 비밀스럽게 소곤대기도 했고, 숨어서 자는 시간도, 쏜살같이 흐르는 시간도 있었다. 하지만 어디를 가고 무엇을 하든 단 한 번도 내게 주어진 시간의 법 밖으로 나와 본 적은 없다. 대기업에 있을 때도, 스타트업을 운영하며 매월 25일 월급을 격정할 때도, 연구소를 만들고 오직 나를 고용한 기간에도 오랫동안 시간의 굴레는 색깔만 다를 뿐 언제나 내 삶과 인식의 틀로서 나를 지배해 왔다. 아니, 흐르는 시간을 멈출 수 있는 것도 아니고, 당연히 주어진 시간 안에서 최대한 열심히 살면 될 일이지 대체 뭐가 잘못되었다는 것인가?

우리는 언제나 사고하기 전에 행동한다. 시간이 없다. 해결해야 할 과제는 하루가 멀게 쌓이기 마련이다. 어차피 틀 안에서는 방향도 방법도 정해져 있다. 일을 빨리 쳐내는 선수가 이긴다. 빨리 갈 능력이 없으면 정치를 해서라도, 계약서의 약자를 괴롭혀서라도, 또는 어떻든 정해진 월급, 오늘을 잘 채우면 되기도 한다. 무의식을 잘 묻어 두면 모두 합리적이고 타당한 방법에 이른다. 그런데 잠시 멈춰서 서로를 보자. 우리를 지배하고 있는 사고의 틀을 어느 날 만질 수 있게 된다면 어떨까? 눈으로 볼 수 있게 된다면 어떨까? 볼 수만 있다면, 알아볼 수만 있다면, 틀을 부술 필요도 없이 이미 그 순간 자유가 와 있다면 어떻게 할 것인가?

10년 전 출간했던 미디어 책에서는 살아 있는 미디어를 정의했다. 네트워크 세상이 왔어도 인지하기 어려운 미디어의 실체를 낱낱이 보여주고 싶었다. 단순한 현상 너머 네트워크 세상을 볼 수 있는 관점을 나누고 싶었다. 그러려면 기존의 틀을 깨는 과정이 먼저 필요했다. 보이지 않는데 어떻게 깰 수 있고, 깨지 않았는데 어떻게 새로 구축할 수 있겠는가? 오랜

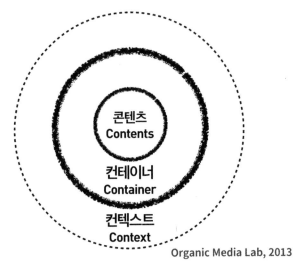

미디어의 3요소
3 Components of Media

콘텐츠
Contents

컨테이너
Container

컨텍스트
Context

Organic Media Lab, 2013

미디어는 컨테이너, 콘텐츠, 컨텍스트로 구성되어 있다. 미디어를 이 세 가지 요소로 해부함으로써 미디어의 진화에 대한 설명이 가능해진다.

세월 우리 사고의 틀이 되어 온 미디어의 해체를 시도했고, 오직 관계를 만드는 실체만 남겨 살아 있는 네트워크 관점으로 미디어를 다시 보았다. 세상을 다시 보았다. 여기서 사용한 미디어의 세 가지 구성 요소"인 컨테이너, 콘텐츠, 컨텍스트는 공간 관점에서 네트워크 관점으로 우리의 사고가 옮겨 갈 수 있게 도와주는 렌즈였다. 10년이 지난 지금도 독자들에게 온전히 이해된 것은 아니지만, 차곡차곡 쌓여 가고 있다.

한 사람 한 사람의 변화가 현재 진행형이다.

오늘은 같은 방식으로 시간을 해체한다. 네트워크 세상에서 가치란 무엇이며, 어떻게 만들어지는지 답하고 실행하기 위해서. 공간적 사고에서 벗어나야 열려 있고 살아서 진화하는 네트워크를 볼 수 있었던 것처럼, 선형적인 시간에 갇힌 사고를 벗어나야 네트워크가 지배하는 세상에서 가치를 만드는 시간을 이해할 수 있다. 해체해야 창조할 수 있다. 오늘 나는 보이지 않는 것을 볼 수 있게 돕는 시도를 할 것이다. 기존의 틀을 인지하면 거기가 출발점이다. 그래야 비로소 생각할 수 있다. 생각해야 질문할 수 있고, 질문해야 나를 바로 볼 수 있고, 나를 볼 수 있어야 자유를 얻을 수 있고, 내 자유가 타인의 자유를 찾을 수 있게 돕는다. 서로가 서로의 노예가 되고, 물질의 지배 아래 더 많은 물질을 위해 목숨을 바치는 이 세상에서.

선형적 시간

선형적 시간의 컨텍스트

주지하다시피 시간은 공간을 떠나서는 설명할 수 없다. 공간에도 시간이 내재되어 있다. '얼마나 걸려요?' 서울에서 부산은 걸어가기에는 멀고 KTX로는 가깝다. 비행기 티켓이 저렴

하면 제주도가 더 가까울 수도 있다. 이동의 개념을 시간 없이 설명할 수 없는 것처럼, 공간의 틀 없이 시간을 설명해 내기도 어렵다. 시간이 간다. 시간이 흐른다. 시간을 채운다. 공간처럼 시간을 채우고, 과거부터 미래까지 시간이 흘러서 이동한다. 달리는 기차의 창밖 풍경처럼 선형적 시간이 저기 간다. 시간과 공간의 개념은 서로 떼려야 뗄 수 없지만, 이것이 물리적 공간의 틀에 시간이 갇힌 이유, 아니 내 사고가 갇혀 있는 이유이기도 하다.

시간이 흐른다는 것은 과거, 현재, 미래의 시점이 움직이고 있다는 것을 말한다. 미래는 반드시 지금이 되고 과거가 된다. 그래서 반대로, 과거가 미래를 결정한다. 태어나서 무덤을 향해 가는 우리 삶은 선형적 시간이 제시하는 길 위에 있다. 내 몸으로 온 삶을 통해 끊임없이 흐르는 시간을 인지한다. 내가 어제를 어떻게 보냈는지가 오늘을 결정하는 것처럼, 인류의 미래도 역사를 바탕으로 설계된다. 이 당연한 법이 오늘 내가 할 일을 이미 정해 놓은 것이다. 어제, 과거, 역사가 실행의 기준점일 수밖에 없다. 167쪽의 도표에서 보이는 왼쪽 맨 위칸에 해당한다. 우리가 시간을 인지하는 맥락(컨텍스트 Context)이다.

시간의 해체

Organic Media Lab, 2024

	선형적 관점	네트워크 관점
컨텍스트 Context	역사 History	왜 Why
컨테이너 Container	처음과 끝 Begining to end	순환 Circulation
콘텐츠 Content	돈 Money	발견 Discovery

선형적 시간을 세 가지 구성 요소 관점에서 해체하고, 네트워크 관점에서 시간을 새롭게 정의한다.

선형적 시간의 컨테이너

오늘 할 일이 벌써 결정되었다면, 남은 것은 그 시간을 잘 채우는 것이다. 어떤 단위로 쪼개서 잘 채울 것인가? 시간을 담을 용기, 즉 컨테이너Container가 필요하다. 앞선 장에서 설명한 것처럼, 우리가 사는 시간은 사회적으로 약속한 구간으로 이뤄져 있다. 사회적 시간은 24시간 단위의 하루 일과일 수도 있고, 2시간의 회의, 3시간의 수업, 일주일의 휴가, 한 달간의 프로젝트일 수도 있다. 또는 프라임 타임(피크 타임)처럼 비싼 컨테이너일 수도 있다. 채워야 할 시간의 그릇이다.

　선형적 시간의 컨테이너는 처음과 끝으로 이뤄져 있다. 반드시 시작하는 시간이 있고 마치는 시간이 있어서 실행의 기준이 된다. 그래서 그 구간을 성실하게, 바쁘게, 열심히 산다. 더 생산적으로 채우고 잘 쓰려면 바쁠 수밖에 없다. '많이 바쁘시죠?'가 안부가 된다. 주어진 시간 안에서 시간을 쪼개 보면 가장 생산적인 방법은 다소 뻔하다. 그런데 무엇을 생산하는 중인가? 어떤 가치를 만드는 중인가? 채우며 살기도 바쁜데 꼭 가치를 일일이 따져야 하냐고 묻는다면, 조금만 더 인내해 주기 바란다.

선형적 시간의 콘텐츠

이런 시간을 통해 만들어지는 결과물이란 돈으로 환산되는 것들이다. 프라임타임을 채우는 광고처럼 모두의 눈에 바로 보이는 콘텐츠다. 그래야 가치가 있다고 평가할 수 있고 돈을 잘 썼는지 스스로 칭찬도 해줄 수 있다. 프로젝트를 하고 있다면 빠른 시간 안에, 한 달 월급이 아깝지 않은 퍼포먼스가 필요하다. 반대로 꼭 열심히 하지 않아도, 어차피 시급과 월급이 정해져 있는데 오늘 파워포인트에 시간을 바치든, 자리를 잘 지키든 그만큼의 보상을 받는 것이 가장 생산적일 수 있다. 돈을 버는 것이 아니라 쓰러 간 여행에서도 결과물은 있다. 지불한 가격 대비 충분히 돈값을 한 시간으로 기억된다면 뿌듯하다. 시간의 컨테이너가 있고, 오직 그 비좁은 구간 안에서 가치가 무엇인지 돈으로 계산하는 과정이 지금 이 순간을 채운다. 지금이 머지않아 어제가 되고, 따라서 내 미래의 기준이 되는 시간의 법이다.

네트워크의 시간

선형적 시간이 주어진 시간이라면, 네트워크의 시간은 창조하는 시간이다. 네트워크 세상에서는 가치를 만드는 방법이 달라졌다는 것을 모두 알게 되었다. 하지만 이전 시대와 달리 그 원리는 오직 몸으로만 체득되는 것이어서 알아차리기가 쉽지 않다. 여기는 진화의 원리가 동작하는 곳, 오직 살아서 성장하는 것만이 생존한다. 여기서 가치를 만드는 시간은 물리적 시간에 갇혀 있지 않다. 연결의 가치를 만드는 원리를 따라 흐른다. 아니, 창조된다.

네트워크 세상에서는 노드가 아닌 링크가 가치를 만든다.[5] 우리가 알고 있는 테슬라, 구글, 아마존, 엑스(X, 옛 트위터)와 같은 조직들이 이 원리를 따라 성장했다. 연결되지 않으면 가치는 0이다. 뭔가를 생산하고 시도하기 위한 비용은 0에 가까워지고 풍요를 넘어서 과잉으로 달려가는 시대, 누구나 생산하고 누구나 말하고 누구나 크리에이터가 된 세상에서 쓰레기와 소음으로부터 가치를 구분하는 것은 오직 연결뿐이다. 그 결과 만들어지는 네트워크가 살아 있다는 관점이, 가치가 여기 있다는 것이 우리가 10년 동안 온갖 방법으로 설명하고 입증하기 위해 노력해 온 것이다. 그렇다면 이곳의 시간은 어떻게 다른가?

네트워크 시간의 컨텍스트

네트워크의 시간은 나의 '왜'로부터 시작된다. 눈에 보이고 손에 잡히는 결과물을 생산하기 위해 주어진 시간을 사용하는 것이 선형적 시간의 관점이었다면, 네트워크 관점에서 시간은 나의 '왜'가 없으면 고여 있는 물과 같다. '왜'가 없이는 365일이 번개같이 흘러도 제자리에 있다. 여기서는 과거에 어디 있었는지가 중요하지 않다. 생산된(팔려 나간) 제품, 콘텐츠, 보고서, 이메일, 일한 시간이 결과물로 기록되지 않는다. '왜'의 관점에서 보면 아무 연결도 일어나지 않은 헛수고일 뿐이다. 연결은 메타포가 아니라 실체여서, 데이터로 기록할 수 있는 구체적인 것이다. 우연한 것이 아니라 지속적으로 변화하는 진화의 과정 자체를 말한다.

이를 위해서는 내가 어디로 갈 것인지, 첫발을 뗄 수 있는 나의 북극성이 필요하지 않겠는가. 여러분이 발견한 본질적인 '왜'는 네트워크를 만드는(즉 가치를 만드는) 선명한 출발점이다. 모든 사소한 의사 결정과 일생일대의 거대한 의사 결정이 한결같이 여기에 기준할 때 네트워크의 생명은 자랄 수 있다. 앞서 강조한 것처럼 '왜'는 네트워크의 뿌리이며, 어려운 의사 결정 때마다 돌아오는 베이스캠프이며, 겉과 속이 같은 네트워크의 존재 이유, 생명의 원리다.

이 '왜'를 기반으로 한 사람의 관점이 단단하게 네트워크 중심 사고로 서게 되면, 가치를 만드는 실행에서 의사 결정을 방해하고 중심축을 무너뜨리는 수많은 유혹과 고난에도 타협하지 않고 항상 돌아와 답을 구할 수 있게 된다. 이제 네트워크를 만들 채비, 스스로 네트워크가 될 채비를 갖춘 것이다. 물론 이 네트워크가 바이럴 확산을 만드는 사람의 수가 아니라는 것은 다시 말할 필요도 없다. 네트워크의 원리로 동작하는 생명체로서의 조직이기 때문이다.

그러니 선형적 시간에서 잘 산다는 것과 네트워크 시간에서 잘 산다는 것은 서로 다르다 못해 대립된다. 전자의 경우는 남들이 부러워할 정답이 있는 삶이다. 컨베이어벨트 위에서 학교, 직장, 결혼, 승진, 경제적 자유, 문화적 향유를 차례대로 누리면서 예정된 때에, 그 타이밍에 최고라고 인정해 주는 세상의 가치에 도달하고 인정받는 것이다. 반면, '왜'에서 시작되는 네트워크의 시간은 오직 '나'로부터 시작된다. '왜'는 나의 존재에 대한 인지로부터 시작된 세계관이다. 나를 보아야 세상을 볼 수 있다. 그러나 사람들은 자기 자신을 보지 못한 채 세상을 본다. 존재를 모르고 항상 결핍 상태에 있다.

내가 무엇을 위해 어디로 가고 싶은지 존재 이유를 알고 있는 사람, 나침반이 있는 사람, '왜'가 있는 사람이다. '왜'는 각자의 북극성에 더 가깝게 갈 수 있는 한 걸음이자 긴 여행의 길잡이, 네트워크가 자라날 수 있게 영양을 공급하는 뿌리다.

네트워크 시간의 컨테이너

'왜'는 문제를 명징하게 정의하게 돕는다. 해결할 문제를 가지고 떠나는 첫걸음이 가능해진다. 그런데 네트워크 중심 사고에서 한 걸음이란 반드시 피드백을 동반한 한 걸음이다. 채워야 할 시간의 구간이 있는 것이 아니라 오직 해결해야 할 문제만 있으므로, 이 문제 해결의 과정은 '문제-직관-발견'으로 이뤄진 하나의 사이클 즉 순환circulation의 여정이 된다. 한 걸음을 가서 피드백을 받고 다음 걸음을 시작하는 사이클의 연속이다. 작용과 반작용action & reaction이다. 팀으로 일하더라도 문제 해결은 오직 한 사람의 직관으로부터 시작된다. 문제 해결의 트리거다. 이 직관이 팀의 발견을 돕는다. 발견 없이는 어디로 가야 할지 길이 없다.

오직 문제와 직관적 발견이 일어나는 과정 자체가 곧 (네트워크의 시간을 담는) 컨테이너에 해당한다. 멈춰 있지 않으며, 끊임없이 변화하고 움직이는 운동력을 갖고 있는 시간이다. 그래서 네트워크 시간은 살아 있다. 모든 사이클이 연쇄적이

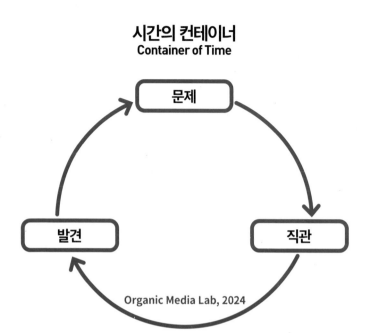

시간의 컨테이너
Container of Time

문제

직관

발견

Organic Media Lab, 2024

네트워크 시간의 컨테이너는 문제와 직관과 발견의 순환이다.

며 작게 작게 점점 크게 문제를 포괄해 가는 동시에 팀의 배움과 진화, 네트워크의 성장과 확장이 동시에 일어나고 있는 과정이기 때문이다. 한 사이클은 반드시 발견과 다음 사이클의 문제 정의를 동시에 포함하게 된다. 직관적 발견을 통해 지속적인 창조가 일어난다. 시간을 구한다. 예컨대 모두가 얄미워하는 테슬라에서는 이 사이클 타임을 '혁신의 주기Pace of innovation'라고 부르고 있으며, 발견의 결과물은 3시간 사이클[6]

로 나온다.

만약 이 순환의 주기를 빨리 일하게 하는 방법으로 생각한다면, 여전히 기존의 선형적 시간 관점에 머물러 있다고 해야 할 것이다. 3시간마다 결과물을 내려면 얼마나 기계처럼 노동을 착취해야 하느냐고 묻는 경우도 있다. 그런데 네트워크 관점에서 보면 이유가 따로 있다. 빠르게 일하고 동시에 여러 일을 해서가 아니라, 가장 중요한 '왜'라는 뿌리에서 출발하여 일관되게 오직 해결해야 할 문제에만 집중하기에 가능하다. 빨리 일한 결과는 따라오는 것이지 목적이 아니다.

첫째, 해결해야 할 문제가 있고, 오직 이에 집중하는 사이클이 시작된다. 둘째, 직관을 통한 발견이 있고, 창조의 모멘텀은 여기서 만들어진다. 셋째, 발견의 나눔에서 팀의 배움이 발생하고, 새로운 문제가 다시 정의된다. 이것이 '순환circulation' 이다. 문제 관점, 개인 관점, 팀 관점에서 발견이 있다면, '왜'에서 출발한 네트워크는 이미 만들어지는 중이다. 이 연쇄적 사이클이 창조의 과정이다. 이 순환은 '선순환virtuous cycle'을 일으키는 질서이자 원리가 된다. (다음 글에서 자세히 다룸) 시간의 가속도를 만들고, 네트워크를 만드는 힘을 일으킨다.

네트워크 시간의 콘텐츠

이 과정에서 만들어진 결과물은 발견 자체다. 당장 돈으로 환산되지 않아도 '왜'를 가진 본인은 알고 있다. 무엇을 발견했는가 말할 수 없다면 성장도, 변화도 일어나지 않았다. '왜'에서 출발했어도 가치가 여전히 '0'이다. 발견이 없으면 다음 사이클로 이어질 수가 없기 때문이다. 선형적 시간으로 보면 누가 무엇을 발견했는지는 중요하지 않고 보이지도 않는다. 주어진 시간의 구간이 기준이므로 이 범위에서 얻은 물리적 결과물만 보인다. 번 돈, 모은 회원, 판 개수, 노출 범위가 퍼포 먼스로 기록된다. 그러나 네트워크 시간에서는 오직 발견이 진화를 만든다. 무엇을 발견했느냐가 오늘 몇 개를 생산했느 냐보다 중요하다.

책을 내는 과정에서도 선형적 시간과 네트워크의 시간이 각각 다른 결과를 만든다. 선형적 시간은 언제 쓰기 시작해서 언제 출간할지 처음과 끝이 중요하다. 몇 권이 팔렸는지 결과물로 남는다. 반면 네트워크 시간에서는 오직 글 하나를 써서 피드백을 받고, 인사이트를 발견해서 다음 글을 결정하는 사이클만 존재한다. '왜'가 있다면, 책은 수단이지 목표가 아니다. 지금 쓰고 있는 책의 첫 사이클, 즉 첫 글에서 내가 발견한 것은 매우 뜻밖의 것이었다. 나는 사람들이 모르는 것을 가르쳐 주려고 했는데, 사람들이 궁금한 것은 '나'의 이야기, 나 한 사람의 '고백'이었다. 분명히 전달할 메시지가 있어도 그 시작은 오직 나 한 사람의 유일한 경험으로부터 출발하지 않는다면 힘이 없다는 것을 첫 사이클에서 배웠다. 아니었다면 글 다 써 놓고 사람들이 알아듣지 못한다고 독자 탓을 했을 것이다.

내가 죽다 살아나는 과정에서 무엇을 배웠는지 고백한 글 (1장 참고)은 그런 발견이 만든 다음 사이클이다. 이 글을 쓰고 평평 울었던 날을 잊지 못할 것이다. 지옥에서 건져질 당시의 나를 다시 기억했고, 먼지처럼 작고 가벼운 나의 존재를 글로 읽었고, 이 자유를 간절하게 나누고 싶었고, 남김없이 털어놓고 나니 후련했다. 사람들은 응원해 주었다. 그런데 내가 아니라, 그 글을 통해 비친 자기 자신에 대한 응원이었다. 그다음 사이클의 주제, '돈'은 여기서 결정되었다. 모두 회피하고 싶은 돈과의 관계(4장 참고)를 정면 돌파하는 숙제를 받았다. 대리 경험 말고 더 직접적으로 마주할 주제를 꺼내야 했다. 내 이야기를 통하지 않고 자신을 직접 보아야 했다. 돈은 뜻하지 않게 책의 본편이 되었다. 돈 많이 버는 법도 다 읽을 시간이 없는 바쁜 세상에서 놀랍게도 이 쓰라린 글은 사람들의 심장으로 바로 들어갔다.

내가 고객사의 숫자, 제안서에 바친 시간, 매출 규모에 집중했더라면 선형적 시간 밖으로 아예 나올 수도 없었을 것이다. 나는 이 순간, 바쁘지 않다. 몰입되어 있다. 각자의 안에서 잠자고 있는 '왜'가 깨어나도록 어떻게 도울 것인가, 사람들의 피드백을 따라 한 걸음을 정하고 오직 북극성을 향해 순환의 시간을 만들어 가고 있다. 독자를, 동지를 만나고 모멘텀이 되는 발견을 매번 집중해서 찾아가는 과정에서 작고 강한 네트워크가 자라난다. 발견이 만드는 네트워크의 시간은 살아 있는 시간이다.

유레카의 시간으로

지금까지 선형적 시간과 네트워크의 시간을 낱개로 해체하여 각각 살펴보았다. 살아 있다는 것은 이성적이고 분석적인 방법으로는 알 수 없다. 선형적 시간의 틀이 우리의 인식을 지배하기 때문이다. 당연히 하루아침에 만들어진 세계관이 아니다. 그래서 인류 역사에서 직관, 발견, 창발emergence과 같은 것들은 등한시되어 올 수밖에 없었을 것이다.[7] 측정할 수 없고 눈으로 볼 수 없고 보상을 위한 평가가 어렵다면, 아예 가치가 없다고 해야 한다. 그러나 이성적으로 미래를 향해 달려온 우리는 오늘 무엇을 생산 중이며, 어떤 가치를 향해 매일 바쁨으로 시간의 구간들을 가득 메우고 있는가? 살펴본 것처럼, 선형적 시간에서 미래는 과거 안에 있다. 가치가 미래에 있다고 믿으면서 과거에 갇힐 수밖에 없는 시간(2장 참고), 미래의 풍요와 행복을 건설하기 위해 달려온 인류의 궤적이다.

발견은 처음도, 끝도 아니다. 살아 있는 상태, 운동력을 가진 상태, 변화의 연속이다. 단순한 결과물을 훨씬 넘어선다. 보고서라는 결과물을 우리는 나 자신이라고 말하지 않는다. 내가 작성했어도 회사에 귀속되거나 휴지통으로 들어간다. 이력서의 한 줄로 쓰이면 다행이다. 그러나 발견은 나 자신과 분리되지 않는다. 오히려 나와 하나 된 자체, 그래서 이 순간도 변화하고 있는 생명을 가진 실체다. 다만 이것이 개인의 차원에 머물러 있고 조직적으로 전수되지 않는다면, 이 또한 생명을 자라게 하기 어렵다. 개인과 팀의 성장, 네트워크의 성장이 지속적으로 이뤄질 수 있는 모멘텀으로 동작할 힘이 없다.

발견은 전구와 같다. 느슨하게 순차적으로 켜지지 않는다. 찰나에 번쩍 켜진다. '유레카'를 외치며 뛰쳐나갈 만큼 강렬하게 켜진다. 다만, 어떤 전구는 미미하고 어떤 전구는 지진 같다. 가속도를 만들지 못하는 모든 생명이, 즉 조직이 네트워크 세상에서 소멸할 수밖에 없는 운명이라는 사실이 어느 날 전구처럼 내 심장에 켜졌다. 네트워크 세상에서 가속도의 원리, 악순환(6장 참고)을 이기는 선순환의 원리가 그 발견의 메시지다. '데자뷔'에 갇혀 있을 것인가, '유레카'의 시간으로 넘어갈 것인가? 이어지는 글에서 펼쳐진다.

12 시간의 성장: '돕는 힘'을 만드는 능력

How to Create 'Helping Hands'

우리 삶에는 모멘텀이 있다. 몸은 십 대 이후에 성장을 멈춰도, 우리는 평생 '성장'에 목마르다. 분명히 다른 성장이 있다. 나의 언어로는 존재의 성장이라 할 것이고, 어떤 이는 남을 배려할 수 있는 성숙함, 어떤 이는 문제 해결의 능숙함 또는 더 쓸모 있는 존재를 떠올릴 것이다. 그런데 몸의 성장과 달리 이런 종류의 성장은 시간이 간다고 저절로 이루어지지 않는다. 결정적인 모멘텀들이 없으면 끝까지 어린아이 수준에 머문다.

내 삶에도 모멘텀들이 있어 왔다. 크기는 저마다 다른데 공통점이 있다. 이 모멘텀들에는 반드시 '돕는 힘'이 있었다는 것이다. 내 혼자 힘이 아니라 '돕는 힘'에 의해 만들어졌다. 그런데도 대부분의 시간은 내 말을 하고, 내 소리를 듣고,

나를 보느라 온 삶을 살아가는 동안 돕는 힘을 만날 귀한 기회를 매번 놓치고 지나쳐 버리곤 했다.

하지만 듣지 못하다가 어느 날 들리고, 보지 못하다가 문득 볼 수 있게 되는 컨텍스트를 만나면, '돕는 힘'이 내 것이 된다. 그래서 성장의 모멘텀은 반드시 팀 플레이에서 온다. 조직의 팀플레이에 국한되지 않는다. 혼자서는 성장의 모멘텀을 지속적으로, 게다가 작게 작게, 점점 크게 만들어 낼 수 없다는 것이 핵심이다. 내가 혼자 애써서 사는 것이 선형적 시간의 흐름이라면, 돕는 힘은 시간을 성장시킨다.

이 글에서는 이 돕는 힘을 '선순환'을 만드는 힘으로 표현했다. 지금부터 돕는 힘을 내 것으로 만드는 능력에 대해 알아보려고 한다. 어쩌다 한 번의 모멘텀이 아니라, 모멘텀이 무한히 반복될 때 시간은 기하급수적으로, 폭발적으로 성장한다.

선순환은 생명체의 운동과도 같다. 끊임없이 변화하는 생명력을 갖고 있다. 오늘이 죽어서 과거가 되는 원리가 아니라, 살아서 지속적으로 계속 변화하며 운동 중인 상태, 네트워크 시간의 원리를 따른다. 그래서 살아 있는 다른 '왜'를 만나고 결합하고 진화한다. 이것이 네트워크 세상에서 가치를 만드는 과정, 시간을 창조하는 과정이다. 지금부터 선순환의 원리를 차분하게 알아보고 네트워크 세상에서 가속도를 만드는 힘, 개인과 세상의 악순환을 선순환으로 흡수시킬 수 있는 힘에 대해 정리하며 시간 시리즈의 결론을 준비한다.

돕는 힘: 선순환의 정의

선순환이란 나를 위해 일하고 소비하고 사는 것이 다른 사람을 위해 일하고 소비하고 사는 결과가 되고, 이것이 내게 더 큰 가치가 되어 되돌아오는 작용을 말한다. 선순환은 혼자 만들 수 없으며, 반드시 다른 사람이 필요하다. 악순환은 악하고, 선순환은 선한 것이 아니다. 작동하는 원리 때문에 결과가 달라지는 것뿐이다. 누가 다른 사람을 위해 먹고, 다른 사람을 위해 돈을 벌고, 다른 사람을 위해 돈을 쓰겠는가. 각자의 나를 위한 활동, 사업, 참여가 서로를 위한 결과가 됨으로써 나눌수록 커지는 가치를 만드는 것이 선순환이다. 내 힘보다 나를 돕는 힘이 더 큰 것이다.

6장에서 설명한 것처럼, 악순환은 "돈을 목적으로 시작해서 돈의 원리에 따라 모두가 움직일 수 있도록 동기를 부여하고 돈을 결과물로 나눠 갖는 방식으로 커진다." 나눌수록 작아지는 가치를 만드는 것이 악순환이다. 나를 위해 일하고 소비하고 사는 것이 다른 대상을 희생시키는 결과를 만들고, 이로 인해 내게 돌아오는 손실이 내가 만든 가치보다 더 커지는 작용을 말한다(소탐대실). 선순환이 살아 있는 시간을 만드는 원리를 갖고 있다면, 악순환은 시간을 소진하고 우리도 소진되는 원리를 갖고 있다. 선순환은 나눌수록 커지는 가치를 축으로 돌아가고, 악순환은 나눌수록 작아지는 가치를 축으로 돌아간다.

돕는 힘의 필요조건

선순환을 만들려면 두 가지가 필요하다. 이를 통해 가속도를 만들고, 악순환을 흡수할 수 있는 힘을 가진다. 혼자든, 팀이든, 조직이든 규모와 업의 본질에 관계가 없다. 가속도를 만들지 못하면 네트워크 세상에서 소멸할 수밖에 없는 운명이기 때문이다.

집중의 힘, 중심축

강조해 온 것처럼, 중심축은 여러분이 발견한(할) 본질적인 '왜'가 감당할 역할이다. 여기까지 읽은 독자라면 '왜'를 더 이상 일관된 브랜딩과 마케팅 용어로 오해하지는 않을 것으로 믿는다. 어떤 조직도 오직 한 사람으로부터 비롯되는 것 말고 이 중심축을 가질 묘책은 없다. 악순환에서 빠져나올 수 있는 일생의 모멘텀이자 돕는 힘을 만드는 출발점이다. '왜'는 어떻게 하면 일과 삶이 하나 되어 충만하게 살 수 있는지, 내 삶을 바쳐 세상을 위해 어떤 가치를 만들고 싶은지, 답을 찾는 사람들을 위한 북극성이라고 했다.

내 문제가 아니라, 내가 보고 있는 세상과 사람의 문제를 해결하기 위해 시간과 에너지를 쓰는 결과가 내게 더 큰 가치로 돌아오는 선순환의 시작점이다. 서로 도우며 함께 갈 수 있는 나침반이다. 내 삶의 뿌리인 '왜'가 그래서 살아 있는 네트워크의 뿌리이며, 돕는 힘을 만나는 뿌리, 선순환의 뿌리인 것이다. 이 중심이 겉과 속이 같은 네트워크의 존재 이유가 된다. 중심축 없이 '작게 작게 점점 크게'의 선순환은 일어나지 않는다. 겉과 속이 다르다면, 원리를 공부해도 돕는 힘은 생겨나지 않을 것이다. 믿을 사람은 나뿐이다.

예컨대 테슬라의 중심축은 "지속 가능한 에너지로의 전환을 가속"하는 것이다.[1] 물질적 가치가 목적이 아니라 인류의 생존, 지속 가능한 환경과 같은 존재적 가치가 축이다. 일반적으로 존재적 가치에서 출발하는 프로젝트 또는 조직은 대부분 돈이 없다. 돈이 목적이 아니라고 하니 투자자를 만날 수 없고, 돈이 없으니 직원을 고용할 수도 없고 돈을 써서 사람을 모을 수도 없다. 규모는 언제나 미약하게 끝나거나 계란으로 바위 치며 패배감으로 끝난다. 정부나 기관에서 주는 보조금과 후원에 의존해서도 선순환을 만드는 원리에 접근하기 어렵다. 아무리 '왜'가 명확해도 돈이 없으면 오래 견딜 수 없고, 연료 없이 멀리 가기 어렵고, 참여자를 만들 기회를 갖지도 못한다. 작게 작게 더 작게 소멸한다.

지속 가능한 에너지로 빠르게 세상이 전환될 수 있도록 '희생'하라는 메시지로는 전기차 구매자를 불러올 수 없다. 중심축이 생존을 위해 변질된다면 거기가 끝이다. 그런데 중심축은 선순환을 만드는 원리인 것이지 모두의 목적일 필요가 없고, 그럴 수도 없다. 오히려 모든 참여자에게 물질적 가치를 인센티브로 제공하는 순환이 반드시 필요하다. 테슬라 모델 Y를 구매하는 것이 더 큰 효용이라서 구매했을 뿐인데, 그 결과가 중심축에 수렴되는 것이다. 이는 전기차 시장이 훨씬 더 빠른 속도로 오는 데 기여하는 결과를 만든다. 규모를 만들고 지속 가능하기 위해서는 물질적 가치와 존재적 가치, 두 가지가 다 선순환으로 작용해야 한다. 먹어야 살고, 살아야 사랑할 수 있다.

내가 만드는 선순환의 중심축은 '한 사람의 변화'다. 입금되면 대신 공부해 주고 대신 써주는 컨설팅 보고서가 아니다. 전자가 창조되는 시간이라면, 후자는 사용되는 시간이다. 우리의 '왜'는 한 사람의 변화를 돕는 것이다. 이것이 나의 일과 삶을 하나로 만든 중심축이고, 그런 축을 더 많은 사람이 갖게 되도록 돕고 싶다. 이 축에서 출발하지 않는 일이라면 비싼 컨설팅이라도 하지 않는다. 돈이 많아서가 아니라 중심축 이외에 다른 곳에 사용할 시간이 없기 때문이다. 선순환의 원리로 가속도를 만드는 데 집중하지 않으면, 제아무리 이런 연설을 늘어놓고 있는 나도 돈의 작용과 타협으로 악순환에 빠지는 결과에서 안전하지 않기 때문이다.

반대로 일터와 삶에서 한 사람의 변화가 일어나고 네트워크 중심 사고로 전환되면 그 한 사람은 반드시 주변을, 조직을 변화시킨다. 그들이 '왜'를 중심축으로 일할 때, 우리 랩의 '왜'는 저절로 동료를 만난다. 우리가 돈을 벌기 위해 제안서와 보고서를 쓰는 대신, 생각하고 휴식하고 운동을 하는 시간에도 계속 가치가 만들어진다. 우리도 기꺼이 그들의 자원이 되기를 자처한다. 그들을 돕는 것이 우리를 돕는 결과가 된다. 언제든 기쁘게 달려갈 준비가 되어 있다. 나눌수록 커지는 가치(존재)가 중심이 될 때, 나눌수록 작아지는 가치(돈)는 수단으로 제 역할을 한다. 함께 만들고 지속 가능할 힘이 만들어진다.

회전의 힘, 모멘텀

다음은 회전의 힘이다. 가속도의 멈출 수 없는 힘은 여기서 만들어진다. 네트워크에는 선형적인 성장이 없다. 반드시 지수함수적이거나 0이다.[2] 가속도를 만들지 못하는 네트워크(조직)가 시작도 하지 못하고 죽는 이유다. 우리는 일한 만큼 결과를 얻는 것이 당연하고 생각한다. 하루 일하고 1의 가치를 만들어 냈으면 다음 하루도 1, 그다음 하루도 1의 가치를 만드는 결과가 당연하다. 물론 학습 효과로 조금 더 나은 결과를 얻을 수 있지만, 기본적인 전제가 바뀌지는 않는다.

하지만 이런 방식으로는 네트워크의 기하급수적 성장을 이해할 수 없다. 네트워크 세상에서 가치는 가속도를 통해 자라나고, 가속도를 통해 악순환을 이길 힘을 가진다. 같은 원리로 악순환의 가속도에 소멸될 수도 있다. '왜'의 종류나 조직의 크기에 관계가 없다. 업의 본질과 규모에 관계없이 가치를 혼자 만들지 않고 네트워크를 통해 만들고자 한다면,[3] 모두에게 적용된다. 기하급수적 성장이 가능하기 위해서는 오늘 일하고 1의 가치를 만들어 냈다면, 다음 하루는 2, 그다음 하루는 4, 8, 16……의 가치를 만들어야 한다. 어떻게 가능할까? 더 열심히 해서 2배로 생산성을 높일 수는 있지만 8배, 16배로 생산성을 높이는 것은 불가능하다. 그런데 실제로 기하급수적 성장은 시장에 존재하고 있다.

오직 가속도를 만드는 선순환을 통해서만 가능한 일이기 때문에 선형적 관점으로는 보이지 않는 것이다. 직선이 아니라 회전이다. 처음에는 작지만, 점점 더 커지는 회전의 힘이다. 회전의 힘이 커지면서 선순환이 커지고, 속도는 빨라진다.

가속도는 선형적 시간의 원리와 달리 열심히, 더 쥐어짜서

지수함수적 성장
Exponential Growth

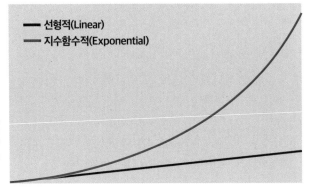

시간(Time)　Organic Media Lab, 2024

지수함수적이라는 것은 산술적으로 우리가 상상하는 것보다 훨씬 크다. 선형적으로 하루에 한 개씩 만든다고 가정하면, 한 달간 총 30개를 만든다. 하지만 매일 생산량을 10%씩 늘릴 수 있다고 가정하면 한 달 생산량은 164개가 된다.

일을 한다고 만들어지지 않는다. 선순환의 법칙에 따른다. 중심축에서 시작하고, 이와 관계없는 모든 것을 걷어내고 가장 단순해져야만 사이클에 집중할 수 있다. 물체를 끌어당기는 구심력처럼 '왜'를 가진 팀은 동료를 자석처럼 끌어당기는 힘을 가진다. 실행은 하나의 짧은 사이클들이 연쇄적으로 이어지는 방식으로 진행된다. 아래에서 상세하게 설명할 모멘텀들을 통해, 사이클이 작게 작게 점점 커지는 과정이 만들어진다. 원심력이 동작하듯 사이클이 팽창한다.

중심축과 구심력(동료를 당기는 힘), 원심력(사이클이 팽창하는 힘)의 상호작용이 만들어 내는 횡가속도다. 물체가 오직 운동 상태일 때만 가속도가 발생하는 것처럼, 각 단계의 모멘텀이 끊김없이 다음 단계의 모멘텀을 부르기 때문에 가능하다. 이 때 모든 프로젝트와 이벤트, 프로그램, 기획은 처음과 끝으로

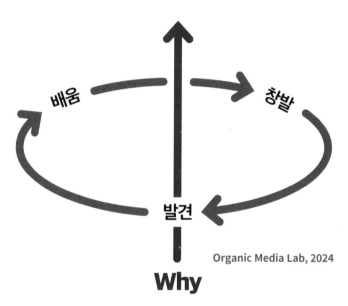

선순환의 모멘텀
Momentum of Virtuous Cycles

배움 창발

발견

Why

Organic Media Lab, 2024

'왜'를 뿌리로 한 사람의 발견의 모멘텀, 팀의 배움의 모멘텀, 나와 팀이 유기체로서 새로운 차원의 발견과 성장을 만드는 창발의 모멘텀이 선순환을 만든다. '모멘텀이 만드는 모멘텀'이다. 그 결과는 가속도로 나타난다.

이뤄져 있지 않다. 이것은 선형적 사고의 틀이다. 대신 처음-끝-처음으로 이뤄져 있다. 즉 그것이 무엇이든, 이전 사이클과 다음 사이클이 반드시 하나의 사이클 안에서 연결되는 것이다. 선형적 시간의 개념처럼 구간을 채우고 소모되는 시간이 아니라, 해결해야 할 문제에서 출발한 첫번째 사이클(순환)이 두 번째 사이클을 만들고, 이 작용이 연쇄적으로 일어나는 순환의 시간이다. 발견, 배움 창발의 세 가지 모멘텀이 선순환되며 내 힘보다 돕는 힘이 더 커진다.

모멘텀의 선순환

첫째, 발견의 모멘텀

한 사람의 발견이다. 나를 돕는 힘은 밖이 아니라 나의 발견이 있어야 비로소 시작된다. 각자에게 주어진 문제를 해결하는 과정에서 우리는 팀으로 일하게 되어 있다. 회사 같은 조직이든 일시적 관계든, 반드시 협업이 필요하다. 그런데 문제 해결의 실마리는 반드시 한 사람의 발견에서 비롯된다. 내재된 직관에 불이 켜지는 순간이다. 창의적인 업무든 아니든, 발견은 반드시 일어나게 되어 있다. 같은 기능은 있어도 같은 네트워크는 없는 것처럼, 한 사람의 발견은 언제나 저마다 유일하다.

'Why 워크숍'*을 하다 보면, 반드시 한 사람의 발견이 첫 번째 모멘텀으로 발생한다. 그다음은 이 발견이 나머지를 끌고 간다. '왜'에서 출발한 선순환이 살아 있는 것이라면, 살아 있는 실체를 만드는 첫 단계가 한 사람의 발견에서 시작될 수밖에 없는 것은 당연하다. 네트워크를 만드는 것은 아무도 가본 적이 없는 길을 가는 것이다. 실험이자 발견, 배움이자 적용이며, 네트워크를 키우는 과정이 곧 스스로 성장하는 과정이기 때문이다.

기존처럼 정해진 어젠다, 열심히 채워야 할 캘린더가 있는 것이 아니라, 오직 우리 팀이 정의한 문제를 중심으로 하나씩 해결해 가는 발견이 있을 뿐이다. 그래서 선순환의 원리에서는 몇 명이 일하고 있는지가 중요하지 않다. 강력한 회전의 운동력이 오직 한 사람에서 시작되기 때문이다.

많은 사람들이 어떻게 성장할 것인가, 길을 찾는다. 촘촘하게 구간을 채우며 잘 살았고 새로운 것을 따라가느라 더 열심히 했는데, 자기계발 서적도 넘치게 읽고 성공 사례도 열심히 봤는데, 왠지 성장은 일어나지 않았기 때문이다. 왜 그럴까? 성장은 좋은 교육 프로그램, 다양한 업무 경험을 통해 더

---

* 기업과 학교에서만 진행해 온 워크숍을 개인을 대상으로 확장했다. 각자의 '왜'를 찾는 치열한 시간이며, 그룹으로 진행된다.

많은 것을 알게 되는 것이 아니다. 어차피 많은 정보와 능숙한 기술을 내 뇌와 몸에 힘겹게 다 밀어 넣을 필요가 없는 세상이다. 5장에서 정리했던 것처럼, 성장이란 생명의 자람이다. 성장은 주입될 수 없다. 구간을 아무리 잘 채워도 연결을 만들어 내지 못하면 생명은 자라지 못한다.

발견은 그 성장의 영양분이다. 내가 주도적으로 발견해야 성장할 수 있다. 있지만 보지 못하던 것, 알지만 연결하지 못하던 것을 스스로 발견하고 모멘텀을 만나야 불이 켜진다. 'Why 워크숍'에서도 답을 말해 주는 사람은 없다. 온전히 한 사람의 모멘텀이 만들어지도록 돕는 과정만 있다. 발견은 밖에 있지 않고 내 안에 있다. 이 지점을 경험한 나는 과거의 나와 다를 수밖에 없다. 성장이다.

둘째, 배움의 모멘텀

그런데 이 발견이 한 사람 안에 머물면 조직은 발전할 수 없다. 반대로, 성장하지 않는 멤버는 조직을 노화시킨다. 오히려 팀이 가속도를 내지 못하도록 조용히 엄청난 힘을 발휘한다. 나의 발견이 다음 모멘텀을 만드는 동력이 되려면 동료들의 힘이 필요하다. 팀 내에서 '배움의 모멘텀'이 발생하면서 돕는 힘은 가시화된다.

한 사람의 발견으로부터 팀이 무엇을 배웠는가? 'Why 워크숍'에서는 한 사람의 발견은 반드시 옆 사람의 발견으로 이어진다. 한 사람의 발견의 모멘텀을 함께 체득한 결과다. 저절로 적용되고 서로가 서로에게서 배우는, 그 멤버들만의 공유된 체험이 발생한다. 생각은 머리로 하는데 몸이 반응하고 한 팀이 만들어진다.

더 큰 조직에서도 원리는 같다. 살아 있는 생명체처럼 동작하는 테슬라의 수많은 팀에서는 쉴 틈 없이 바쁜 업무에도 번아웃을 호소하기보다 오히려 '성장'했다는 참여자들의 증언[4]이 더 많이 쏟아진다. 문제 해결을 중심으로 모이고 흩어지는 팀에서 서로를 통한 배움은 서로를 성장시키는 과정이 된다.

대부분의 조직에서 한 사람의 직관과 발견은 팀의 배움이 되지 못한다. 조직의 다양한 이유로 커뮤니케이션 오류가 발생하고, 한 방향을 보지 못하므로 동상이몽으로 끝난다. 마라톤 회의로 너덜너덜해진 몸과 쓰고 없는 시간만 두고 보면 아예 발견이 없는 편이 나을지 모른다. 내가 오랫동안 반복해서 저지른 시행착오처럼 의사결정자에게 회의는 듣기보다 설득을 위한 자리가 되고, 공감하지 못하는 팀원에게 회의는 받아 적는 자리가 된다. 계약관계의 협업도 대부분 일회적인 데이트로 끝나고 각자의 이익을 따라 헤어지기 바쁘다.

오직 중심축에서 파생된 문제 해결이 목적일 때 상황은 달라진다. 회의는 설득과 주장보다 발견을 만드는 협업의 현장이 된다. 시간을 채우는 모든 반복적인 일은 0이 되도록 만드는 대신, 모멘텀의 사이클은 오직 구체적으로 해결해야 할 문제로 100퍼센트 채워진다. 이때 실험 자체가 목적이 되어서는 안 된다. 개발 능력이 있는 조직에서 흔히 일어나는 시행착오이기도 하다. MVP^{Minimum Viable Product}도 쉽게 만들고 실험도 쉽게 할 수 있으니, 실험 자체가 목적이 되는 경우를 많이 목격한다. 하지만 언제나 처음-끝-처음으로 이뤄진 실행 사이클의 구체화된 문제 정의만이 모멘텀이 있는 실행을 만든다. 선순환이란 모멘텀을 자산으로 더 큰 모멘텀을 만드는 것이다. 이 과정 없이는 가치는 남지 않고, 시간은 흘러 사라진다.

팀의 문제 해결 과정이란 서로의 발견을 돕는 과정이다. 이 과정이 팀을 진화시킨다. 남이 발견한 것을 알려준다고 팀이 저절로 진화하지 않는다. 발견이 발견을 낳고 서로 배우는 주도적 과정이다. 누가 시키지 않아도 각자 무엇을 해야 하는지 알고 있다. 위로 갈수록 권력과 정보가 집중되는 레거시 조직에서는 불가능할 것이다. 내가 하고 있는 사소한 업무가 왜 필요한지 알 수 있고, 좀 더 확대하면 어디서 기인하는지, 좀 더 확대하다 보면 어떤 '왜'로부터 발생한 것인지 뿌리까지 접근할 수 있는, 내가 확장을 원하기만 한다면 투명하게 전체를 낱낱이 볼 수 있는 구조가 필요할 것이다.

주인의식으로 일한다는 것은 열정페이가 잘 동작하는 것이 아니라, 나와 내 일이 어디에 있는지 좌표를 알고, 그로부터 스스로 의사 결정을 할 수 있고 책임을 선택할 수 있는 상태를 말한다. 이 한 개인이, 사원이든 사장님이든 차별 없이, 팀의 배움을 만든다. 서로를 통해 배우고 한 방향을 보며 가는 살아 있는 조직이 된다.

셋째, 창발의 모멘텀

그 결과는 창발emergence로 나타난다. 팀은 유기체처럼 자가조직self-organised되며,[5] 기존에는 볼 수 없고 보이지 않았던 문제의 정의와 새로운 발견을 낳는다. 'Why 워크숍'에서 참여자들은 본래 일과 삶이 하나 될 수 있는 '왜'를 찾으러 온다. 그런데 집요한 시간들, 도망치고 싶은 순간들을 지나 발견을 만나고 물이 끓는 경험, 서로를 통해 배우는 경험에서 완전히 새로운 사실을 알게 되는데, 그것은 이 모든 과정이 세상의 문제를 찾는 것이 아니라 자기 자신을 발견하는 여행이었다는 사실이다. 이 단계에서 문제는 저절로 정의된다. 새로운 차원의 모멘텀 사이클의 시작이다.

일시적 협업이든, 회사의 조직이든, '한번 해보자' 정도로 창발의 모멘텀까지 가기는 어려울 것이다. 한번 해보는 것은 포기도 타협도 쉽고, 변명도 많다. 언제나 선형적 시간 안에

지수함수적 시간
Exponential Time

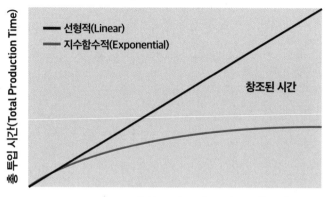

시간(Time)　　Organic Media Lab, 2024

한 달간 매일 같은 양을 생산한다고 가정하면 지수함수적 시간 관점에서는 점차 투입되는 시간이 기하급수적으로 줄어든다. 이 그래프는 선형적 시간의 관점에서도 창조된 시간을 이해할 수 있도록 단순화한 것이다. 실제로 창조된 시간이란 산술적 시간의 의미를 넘어선 차원임을 본문에서 밝히고 있다.

있는 나의 관성이 나를 기다리고 있기 때문이다. 실험은 반복되어야 하고, 집요하게 연쇄적으로 커지는 배움의 사이클을 만들어야 한다. 이 사이클 주기는 짧으면 짧을수록 좋다. 테슬라처럼 3시간의 사이클까지는 아니더라도 하나의 문제에 집중해서 답을 찾고, 그 답을 통한 팀의 배움이 온전하다면 다음 단계가 저절로 시작될 가속도를 만들게 된다.

　여기서부터 문제 해결 능력은 더 이상 분석적이거나 과거의 시간에 머물러 있지 않고 앞으로 가게 되어 있다. 살아 있는 네트워크의 속성이 동작하기 때문이다. 시간이 비선형적으로, 기하급수적으로 성장하는 과정이 여기서 빚어진다. 발견·배움·창발의 연쇄 사이클이, 구간을 채우는 방식으로 소모되는 선형적 시간에서는 상상할 수 없는 변화를 만든다. 돕는 힘을 증폭한다.

변화가 한 번에 그치지 않고 지속적일 때 속도가 무섭게 빨라진다. 한 사람의 발견과 배움과 창발이 한 사람에서 끝나지 않고 서로의 의식을 확장하며(9장 참고) 기하급수적인 결과를 만든다. 창발의 모멘텀은 끝이 없다. 더 큰 돕는 힘을 부르는 연속적인 회전이다. 멈출 수 없는 힘이 동작하는 시간, 여기 참여하는 내가, 새로 창조하고 성장시키는 시간이다.

시간의 창조가 은유적이라고 생각하는 독자들을 위해 그 실체를 건조하게라도 그려 보면 195쪽의 그림과 같다.

작게 작게 점점 크게

이해를 돕기 위해 최대한 단순화한 예시이지만, 메시지는 명확하다. 선순환이 만들어지면 만들어질수록 창조되는 시간의 양은 더욱 커진다. 선형적인 시간의 관점에서 보더라도 30일 후에는 하루에 내게 없던 7시간 57분이, 30일간 152시간이상을 만들어 낸 것이다(하루 8시간씩 일하고 매일 생산성이 전날보다 10퍼센트씩 증가하는 것으로 가정했다). 그런데 우리가 얘기하는 시간의 창조는 한 차원을 더 나아간다. 선형적 시간을 사는 시대를 시뮬레이션으로 만들어 버리고 다른 차원 dimension, 네트워크의 시간이 지배하는 새로운 세상을 한 사람 한 사람이 창조하는 것이다.

이때 성장은 비로소 내 안에 있지 않다. 나와 세상의 접점에서 일어난다. 내가 발견한 '왜'로부터 세상을 변화시키는 과정, 살아 있는 유기체로 조직이 성장하는 과정을 만드는 주체, 한 사람이다. 안과 밖의 구분 없이, 월급을 받는 사람과 돈을 내는 사람이 서로 돕는다. 함께 일하는 결과를 만든다. 문제 해결을 위한 선순환이 동작했을 뿐인데, 그때부터 고객(참여자)을 만나러 가는 것이 아니라, 이미 살아 있는 네트워크가 생성되어 있다.

개인 그룹의 Why 워크숍에는 최소 30시간이 소요되지만, 결과물의 가치는 계산조차 되지 않는다. '왜'를 찾도록 돕는 일 외에 나는 모든 일을 걷어 냈다. 한 그룹에 30시간을 투입한 결과는 내가 1년 내내 하루 8시간씩 일하며 1920시간 동안 만들어 낼 수 있는 가치와는 완전히 다른 차원에 이른다. 참여자 한 사람 한 사람의 돌이킬 수 없는 변화, 그 과정에서 돌이킬 수 없는 나의 성장이 있다. 워크숍 동안에도 나보다 참여자가 만드는 가치가 회차를 거듭할수록 점점 더 커지지만, 진정한 시작은 워크숍이 끝난 후부터다. 돕는 힘이 계속 자라나, 내가 직접 워크숍을 할 필요조차 없게 된다.

사이클의 선순환이란 내가 1을 부었을 때 2, 4, 8, 16으로 나타나는 것이다. 나 대신 일하는 네트워크의 참여자들이 창발의 사이클에 합류하고, 결과는 커지는데 나의 노력이 점차 줄어드는 경험, 네트워크의 성장이다. 내가 혼자 반복해야 하는 비용이 점차 줄어들고, 문제들이 내 손을 일일이 거쳐서 해결되는 것이 아니라 단번에 기하급수적으로 해결되는 경험이, 가속도를 만드는 발견과 배움과 창발이 주는 경험이다.

이 경험이 무서운 이유는 서로의 습관을 바꾸고, 삶을 바꾸고 의식을 확장하는 규모를 만들기 때문이다. 선순환이 선순환을 일으킨다. 돕는 힘이 돕는 힘을 만난다. 한 방향을 바라보는 마법, 이어지는 결론에서 맺을 내용이다.

13 무한한 시간: 한 방향의 마법
Magic of Alignment

"내가 누군지가 내가 하는 일을 결정하지만, 내가 무엇을 하고 있는지가 또한 나를 결정한다. 나는 끊임없이 나를 만들어 간다. (…) Ce que nous faisons dépend de ce que nous sommes; mais il faut ajouter que nous sommes, dans une certaine mesure, ce que nous faisons, et que nous nous créons continuellement nous-mêmes."[1]

드디어 시간 시리즈의 결론을 맺을 수 있는 지점까지 왔다. 본래 시간은 이 책에서 다루려고 계획했던 주제는 아니었다. 공간을 해체하고 네트워크로 이해하는 것도 어려웠는데,[2] 어떻게 시간을 해체하고 네트워크로 이해하자고 할 것인가. 불가능한 것처럼 보였다. 그런데 시간에 대한 다른 이해가 없이는 '왜'가 있어도 불꽃이 선형성이 만드는 시간에 깔려 쉽게 사그라드는 것을 수차례 목격했다. 어디서 와서 어디로 갈 것인가가 이 책의 주제라면, 시간은 누구와 어떻게 갈 것인가, 즉 실행을 위한 매개체라 할 것이다.

환기하자면 첫 글에서는 우리가 당연하다고 생각하던 시간의 선형성에 문제를 제기했다(시간의 재발견). 두 번째 글에서는 시간을 해체했다. 과거·현재·미래의 시간과 네트워크의 시간이 어떻게 다른지, 컨텍스트·컨테이너·콘텐츠라는 미디어의 세 가지 구성 요소라는 렌즈로 들여다보았다(시간의 해체). 그리고 앞선 세 번째 글에서 선순환의 원리를 '돕는 힘'으로 정리하고 가속도를 만드는 모멘텀을 살펴보았다(시간의 성장).

이제 마지막 글에서 '돕는 힘'이 어떻게 무한히 증폭될 수 있는지 알아볼 것이다. 꿈같은 얘기다. 선순환은 내 힘보다 나를 돕는 힘이 더 클 때 동작한다. 한 번만 도움을 받는 것이 아니다. 여기서 돕는 힘은 가속도를 만드는 끊임없는 운동력을 갖고 있다. 더 나아가 돕는 힘들 간에 선순환마저 일어날 수 있다는 것이 이 글의 주제다. 한 사람에서 시작한 발견 하나가 무한대의 가치로 갈 수 있는 원리가 여기 있다.

나눌수록 커지는 가치가 중심인 선순환은, 한 방향을 보고 있는 다른 가치를 만날 때 더 큰 선순환을 일으킨다. 선순환을 통해 생성되는 시간이 무한히 커진다. 한 사람의 작은 발견으로부터 시작된 '돕는 힘'이 스스로 가속도를 만들고 악순환을 흡수하는 거대한 힘이 될 수 있다. 우리가 한 방향을 보며 함께 가는 과정에서 발견할 새로운 세상이다.

한 방향의 마법

나는 3년 전 구매한 차를 타면서 영업사원이 되었다. 주변에 정보가 없거나 레거시 매체가 만들어 놓은 잘못된 정보에 둘러싸인 지인들을 보면 안타깝고, 월급을 받는 것도 아닌데 열심히 알린다. 그래도 안 통하면 차를 태워 주기도 한다. 자율주행 모드가 점점 더 업그레이드되면서 의도하지 않았는데 생활도 달라졌다. 그렇게 싫어하던 고속도로 주행이 늘고, 수십년간 다녔던 지방보다 최근 3년간 전국을 누빈 횟수가 더 많다. 로컬을 경험하는 방식도 달라졌다. 웬만하면 운전을 해서 가고, 어디를 가든 모든 여행에 내 차가 있다. 로컬 여행이 집처럼 편해진다.

경험은 소프트웨어의 업데이트 속도만큼 빠르게 갱신된다. OTA^Over The Air를 통해 3년간 얼마나 꾸준히 변했는지 돌아보면, '완전 자율주행'이 되지 않으면 의미가 없다는 의견은 이론에 불과하다는[3] 것을 알 수 있다. 그래서 운전이, 아니 이동이 더 편리해지고, 그래서 화석연료에 의존하는 차량의 비중이 0에 가깝게 전환되는 속도가 빨라질수록 문제가 해결되는 범위는 비선형적으로, 기하급수적으로 넓어질 수밖에 없음을 알게 되었다. 전기차 시장이 아니라 에너지 시장, 자연 생태계로까지 그 폭이 확장되는 과정은 습관의 변화, 삶의 변화, 이를 통한 사고의 확장에 이른다.

선형적 사고의 틀 안에서 보면, 환경을 위해 더 좋은 결정을 하라는 캠페인(이른바 ESG 경영)에 비용을 쓰는 전략이 맞을 것이다. 위의 사례가 허황되고 비현실적으로 보이기 때문이다. 열심히 하는 것 말고 할 수 있는 일이 없어 보일 때, 그 사고의 틀 안에 갇혀 있어서는 가속도라는 개념을 이해할 수 없기 때문이다. 그러나 조직원 10만 명의 한 사람들이 발견·배움·창발의 선순환을 만들고, 이를 통해 살아서 자가조직화되는 팀의 성장과 네트워크의 성장은 실화다.[*] 더 나아가 직원 10만 명이 만드는 가치보다 수백만 명의 고객이 돕는 힘이 훨씬 커지는 선순환을 실제로 목격하게 되면, 완전히 다른 관점을 깨닫게 된다. 선순환의 선순환이 만드는 규모는 선형적 사고의 틀을 압도한다.

---

[*] 실제로 테슬라 조직의 1만 개의 팀이 '문제'를 중심으로 유기체로 조직된다. 랩의 수업 '테슬라로 배우는 오가닉 비즈니스'에서 상세히 다룬다.

선순환이 없이는 가속도를 붙일 수 없고, 이미 강력하게 돌아가는 악순환의 속도를 따라갈 수 있는 방법도 없다. 이런 규모를 만들기 위해 조직 리더의 역량도 물론 중요하겠지만, 모두가 지구를 구하러 떠날 필요는 없다. 기쁘고 설레는 범위까지만 할 수 있다면, 나머지는 같은 방향의 '왜'를 가진 동료가, 여기 합류하는 것이 이익인 참여자가, 저기 이미 돌고 있는 선순환이 대신 도와준다. 돕는 힘이 한 방향을 바라볼 때 벌어지는 마법이다.

두 개의 톱니바퀴

한 방향이 만드는 마법은 두 개의 톱니바퀴로 이뤄져 있다. 고객(참여자)의 문제 해결 자체가 목적인 메이커의 '왜'와, 자신을 위해 참여하는 고객(참여자)의 '가치'가 맞물려 돌아간다. 더 큰 선순환을 만드는 동력을 만들고 네트워크를 확장하는 것은 내가 아니라 참여자들이다. 악순환의 방향을 거꾸로 돌리는 힘, 회전의 힘은 우리 팀 안에 있지 않고 오히려 고객/참여자에게 있다. 그 결과가 습관의 변화를 만들고 인식의 변화로 나타나는 것이다. 이미 돌이킬 수 없는 임계점을 지난 바로 이 지점이 주목해야 하는 새로운 차원의 모멘텀이다. 선순환이 악순환을 흡수한 결과가 여기서부터 눈에 보이

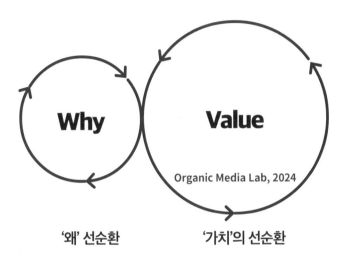

두 개의 톱니바퀴
2 Cogwheels Moving in Tandem

Why

Value

Organic Media Lab, 2024

'왜' 선순환   '가치'의 선순환

테슬라의 '왜'는 '지속 가능한 에너지로 전환을 가속'하는 것이다. 더 안전하고, 편리하고, 경제적인 이동 수단을 원하는 고객의 '가치'와 맞물려 두 개의 톱니바퀴처럼 동작한다. 선순환이 만드는 선순환은 멈출 수 없는 힘이다.

고 손에 잡히기 때문이다.

     위의 그림처럼 두 개의 톱니바퀴가 돌아가면, 변화가 전기차를 구매하는 범위에 머물러 있을 수가 없다. 더 큰 변화를 불러온다. 자율주행이 좋아지면 좋아질수록 소비자가 의도하지 않고 의식하지 못하더라도 이동성에 대한 인식의 변화는 자연스럽게 온다. 요즘 자율주행으로 다닌다고 하면 처음 듣는 질문이 위험하지 않냐는 것이다. 인간이 운전하는 것이 당연하기 때문이다.

그러나 인간이 꼭 운전 노동을 해야 하는지, 차를 꼭 소유해야 하는지, 내가 일하는 동안 내 차는 주차 비용까지 내며 나를 기다리는 것이 당연한 것인지 등 의문이 자연스럽게 생기는 시점이 올 수밖에 없고, 삶의 방식은 변화할 수밖에 없다. 내 몸으로 체득하면서 알아 가는 것이기 때문이다. 대로변을 달리는 마차가 어느 순간 우스워진 것처럼, 지금의 풍경은 어느날 갑자기 옛것이 될 것이다. 구체적이고 작은 발견 하나로 시작되는 사이클이 세상을 바꾸는 선순환으로 넘어서는 풍경이다.

로봇이 스스로 운전하여(차량이 로봇이므로 운전석에 로봇이 앉아 있을 필요도 없다) 우리를 데려다주고, 물품을 배달하고, 돈을 벌어오는 로봇의 시대에는 이동성을 다시 정의할 수밖에 없게 될 것이다. 가치들 간의 선순환이 일어나기 때문이다. 스스로 이동하는 로봇은 공간의 개념을, 관계(상호작용과 커뮤니케이션, 이로 인한 사회관계)의 방식을, 우리의 존재 방식을 변화시킬 것이다. 필연적으로 가치에 대한 정의를 다시 해야 하는 세상을 맞이하게 될 것이다. 아니, 이미 이 책의 주제이기도 하다. 여기 우리의 총체적인 경험과 의식의 확장이 있다. 앞 글에서 정리한 모멘텀의 사이클은 한 사람의 발견에서 출발하지만, 가치의 선순환은 오직 고객의 참여를 통해 만들어진다. 두번째 차원의 선순환이다.

불가능한 미션

문제만 놓고 보면 다소 비현실적인 시나리오라고 할 것이다. 그런데 이미 벌어지고 있는 실제 사례다. 예를 들어 인류가 지구에 유한한 자원인 석유를 태워 없애고, 지구를 뜨겁게 만드는 일을 하루 빨리 멈춰야 한다는 문제에 직면해 있다고 가정해 보자(가정이 아니라 현실이지만, 이 문제에 대한 여러 관점과 대안이 있을 수 있으므로 그냥 가정이라고 하겠다). 그래서 한 조직 이 이러한 화석연료 에너지의 30퍼센트를 태우는 내연기관 자동차[4]의 이용을 현저하게 줄이고 빠른 시간 안에 0에 가깝 게 만드는 것을 해결책으로 설정했다고 해보자.

이 문제를 해결하기 위해서는 자동차를 구매하는 사람들 이 우선 전기차를 사기 시작해야 한다. 이런 의사 결정이 불 안한 모험이 아니라 현명한 선택이 되려면 차도 내연기관차보 다 좋아야 하고, 정보도 투명해야 한다. 전환 속도가 점점 빨 라져야만 한다. 어차피 환경을 지키자고 손해 보는 일은 아무 도 하지 않을 테니, 내연기관차를 타는 것보다 효용이 월등히 커야 한다. 운전자로서 내가 경험한 것처럼 비교 자체가 의미 없는 수준이어야 한다. 구매 비용도, 유지 비용도 차원이 달라야 한다. 구매 비용은 차량 자체 비용뿐 아니라 구매 의사 결정을 하기까지의 모든 망설임의 시간까지 포함한다. 유지 비용은 휘발유를 채우는 것보다 훨씬 더 저렴한 모든 컨텍스트를 포함한다.

이 불가능한 미션을 가능케 할 유일한 방법은 오직 돕는 힘 뿐이다. 나를 돕는 힘이 또 다른 차원의 돕는 힘을 만나 더 커지는 것이다. 만드는 조직과 소비하는 조직 간의 선순환이 바로 두 번째 차원의 선순환이다. 앞선 글에서 살펴본 첫 번째 차원의 선순환은 조직 내에서 팀과 함께 만들었다. 발견-배움-창발의 모멘텀이 연쇄적으로 돌아갈 때, 내 힘보다 돕는 힘이 저절로 커지는 원리를 기억할 것이다. 그러나 이 첫 번째 차원의 선순환은 아직 반쪽이다. 기하급수적 규모를 만들기 위해서는 '선순환의 선순환'이 필요하다. 도로에 나가 보면 그 결과가 어떻게 나타나고 있는지 눈으로 볼 수 있다. 이 회사의 미션이 혼자 차를 많이 파는 것이 아니라, 전기차로 전환되는 속도를 가속하는 것이라는 관점에서 볼 때, 이 조직의 불가능한 미션은 이미 달성되고 있다.

내 조직과 참여/소비하는 조직 간의 협업이 만든 결과다. 서로 한 방향을 바라보며 결합할 때 그 가속도는 멈춰지지 않는다. 이를 위해서는 만드는 조직은 철저하게 참여/소비하는 조직의 '왜', 즉 소비자의 '가치'에서 모든 의사 결정을 내려야 한다. 아울러 여기서 출발한 나의 모든 실행이 나의 '왜'와 한 방향을 보고 있는지도 중요하다. 나(팀)의 '왜'에 위배되거나 방해가 된다면 일할 이유가 없다. 어차피 어떤 차원의 선순환도 일어나지 않는다. 어떤 돕는 힘도 만날 수 없는 잘못된 출발선에 있기 때문이다.

Why 워크숍 밖으로

나의 '왜'는 한 사람의 변화라고 했다. 세상의 변화가 내 안에 있는데, 내가 그 변화의 주체인데, 사람들은 '메시아'를 기다린다. 워크숍은 이 발견을 돕는 매개체다. 그래서 각자의 답을 찾을 수 있도록 돌 한 개씩 놔주는 것이 내가 하는 일이다. 세션을 진행하다 보면, '왜'의 발견은 동시에 의식의 확장임을 알 수 있다. 그 발견이 사고의 틀을 깬다. 자신을 점차 변화시키고, 삶을 변화시킨다. 그 길 위에 있다면, 발견은 끊이지 않고 의식의 확장도 멈추지 않는다.

워크숍에서 한 사람 또는 한 조직의 '왜'를 찾는 작업은 전쟁과 같다. 몸이 회복하는 데만 꼬박 하루 이상이 걸린다. 특히 물이 끓기 직전의 집중도는 목숨을 건 시간이다. 그런데 다섯 명의 개인이 그룹으로 동시에 참여해서 다섯 개의 '왜'를 찾아야 한다면 어떻게 될까? 5배의 시간과 5배의 집중이

가능하기나 한 것인가? 5배의 시간을 투입한다고 5배의 결과물을 얻는다고 장담할 수 있는가? 조직이 아닌 개인으로 워크숍을 확장할 때 가장 고민했던 부분이다.

쓸데없는 걱정이었다는 것은 세션을 시작한 후에야 알게 되었다. 워크숍에서도 두 번째 차원의 선순환이 일어난다는 사실을 몰랐기 때문이다. 사람들의 '왜'는 첫 시간부터 이미 한 방향을 바라보고 있었다. 언뜻 보기에는 다른 주제인데, 뿌리로부터 하나로 연결되어 있었다. 저 사람을 돕는 일이 사실은 나를 돕는 일이 되었다. 이것은 지능적으로 일어난 일이 아니라 그 사람의 '왜'가 찾아지는 과정에서 함께 기쁨을 누리는 경험을 통해 체험적으로 일어났다.

서로의 '왜'가 협업하자 일은 커졌다. 시간과 정성을 들여 서로 돕자고 그들만의 '특별 세션'이 따로 일어나기도 했고, 나를 대신해서 서로의 질문자가, 길잡이가 되기를 자처하기도 했다. 그리고 한 사람의 발견은 모두의 몫이자 성과였다. 내가 아닌 저 사람의 '왜'에 집중했는데, 어떻게 그 기쁨이 심지어 '나의 것'이 될 수 있는가? 하나의 '왜'를 찾았는데, 어떻게 그 기쁨은 5배로 증폭될 수 있는가?

그런데 기쁨이 아니고서는, 우리가 원래 연결되어 있던 존재라는 것을 몸으로 알아차릴 때 소름이 돋는 그 순간을 표현할 다른 방법이 없다. 나의 '왜'와 참여자들이 만드는 가치가 결합하자, 결과물은 이미 내가 상상할 수 있는 수준을 넘어서 버린 후였다. 혼자서 결코 만들 수 없는 것을 함께 만들고, 그 과정을 체득한 우리는 이미 완전히 다른 차원에 와 있었다.

문제는 워크숍이 아니다. 이 워크숍 밖에서 벌어질 그들의 실전은 내 '왜'의 확장이자, 서로 돕는 힘의 결합이다. 선순환의 선순환이 만드는 가속도가 뒤에서 바람이 불듯 우리를 저절로 밀고 갈 것이다. 누가 메이커이고 누가 참여자인지 더 이상 구별할 수 없는, 구별할 필요도 없는, 하나의 유기체로 동작하는 조직화다.

한 사람의 변화는 내가 감히 만드는 것이 아니다. 오히려 그들의 발견을 통해 내가 변화하고, 그들과 나의 의식의 확장 사이클이 두 개의 톱니바퀴처럼 맞물려 돌아간다. 나의 '왜'는 혼자 힘으로 북극성에 도달하지 못한다. 사람들의 발견을 통해 저절로 도달된다. 그래서 생명의 원리를 계속 배우고 성장하는 과정이 '왜'의 길이다.

참여자의 규모가 수백, 수천만에 이르지 않더라도, 반드시 제조사와 소비자의 관계가 아니어도 한 방향을 보고 있다면, 선순환이 선순환을 만드는 원리는 같다. 앞서 정리한 '돕는 힘'을 만드는 모멘텀이 이미 동작하고 있고, '왜'라는 뿌리를 가졌기에 이제 그 궤도에서 이탈하지만 않는다면, 그다음은

무한한 반복이 가능한 힘의 원리가 동작하기 때문이다. 선형
적 시간에서 만날 수 없는 무한한 시간의 경험이다.

실전: 선순환의 타이밍은 언제인가?

선순환을 머리로 이해한 사람들이 자주 하는 질문이 있다. 어
느 정도의 가치가 만들어졌을 때, 어느 시점부터 선순환이 동
작해야 하느냐는 것이다. 내가 겪은 사례로 답을 대신한다. 거
짓 없는 소비시장을 만드는 것은 내가 몸담았던 스타트업의
강력한 중심축이었다. 넘쳐나는 제품만큼 스팸문자도, 거짓말
도 넘쳐나는 시장의 악순환을 어떻게 선순환으로 돌릴 수 있
을까? 예컨대 더 빠른 배송, 더 멋진 제품, 더 저렴한 제품, 더
정직한 생산자, 더 열심히 영업하는 인플루언서를 만드는 것
은 문제를 해결하는 선형적 방법이다. 전통적인 사고의 틀이
다. 우리는 똑똑한 소비가 유통 네트워크가 되는 것, 소비를
하면 할수록 집단 지성이 만들어지는 선순환 비즈니스를 설
계했다. 그리고 실전에서 막상 실행은 선형적 사고로 했다.
　본인은 알 수 있다. 내가 하지 않으면 그 악순환의 고리가
끊어지지 않을 것이라는 확신이, 그 '왜'가 자신을 움직였을
것이다. 거짓 없는 유통이든, 지속 가능한 생태계든, 전쟁 없
는 세상이든, 왜의 근원이 무엇이든 마찬가지다. 사람들은 거

짓말로 뒤덮인 소비시장의 악순환을 선순환으로 돌리는 미션이 허황되다고 한다. 하지만 이것은 당면한 문제를 오직 비선형적인 방식으로만 풀 수 있다는 방증이다. 마주한 문제가 비선형적이라는 사실을 모두 몸으로 알고 있기 때문이다.

우리는 분산 네트워크 시스템도, 동참을 원하는 생산자들의 네트워크도 구축했다. 그러나 선순환에 집중해야 하는 초반에 기존의 선형적 시장의 법칙에 순응하며 많은 에너지를 사용했다. 1조씩 적자를 보며 규모를 키우는 플레이어들이 가득한 시장, 동네 구멍가게도 새벽배송을 한다는 현수막을 걸어야 하는 시장에서 네트워크를(가) 만드는 선순환을 서랍에 넣어 두고 실행에서는 그들의 법을 따랐다. 네트워크의 선순환 이론을 만들고 가르치면서도, 가치가 0인 구간을 지나는 동안 초기에는 어쩔 수 없이 고객 규모, 제품 규모, 생산자·공급자 규모부터 만들어야 한다고 타협했다. 하지만 살아 있는 네트워크의 관점에서 보면, 필요했던 것은 투자자를 설득할 숫자가 아니었다. 누가 뭐라고 해도 작은 회전의 힘이었다. 시장의 악순환이 만드는 가속도를 이길 회전의 힘, 선순환의 반복이 만드는 가속도가 맨 처음부터 필요했다.

'왜'가 있다고 하더라도, 나의 모든 실행이 가속도를 만들지 못하면 네트워크를 만들지 못하고 동아리로 끝이 난다. 기능을 기획하고, 개발하고, 디자인하는 데 힘을 다 써버린다.

물질적 가치와 존재적 가치가 화해할 수 있는 중심축을 가졌는가? 그 축을 위한 선순환이 일어나야 하는 시점은 지금이다. 조금 선형적으로 하다가 선순환이 저절로 일어나는 시점을 기다린다면, 그 시간은 영원히 오지 않을 것이다.

한 방향이 만드는 새로운 세상

지금까지 우리가 살펴본 선순환은 협업의 원리이자 몸의 체험이다. 오직 몸으로만 알 수 있는 결정적인 모멘텀들의 연결이다. 선형적 시간에서는 도달할 수 없는 무한한 시간으로 우리를 데려간다. 그 결과는 의식의 확장으로 나타난다. 의식의 확장이 서로를 깨우며 이어지는 세상, 살아 있는 세상이다.

네트워크의 시간, 한 사람의 '왜'로부터 시작되는 발견의 시간, 협력을 통해 만들어지는 창발의 시간, 오직 관계(연결)로부터 가치를 만드는 시간이다. 그 시간이 서로를 볼 수 있고 들을 수 있도록 돕는다. 미래가 지배하는 시간에서 벗어난 시간, 나눌수록 커지는 가치를 만드는 과정에서 나를 발견하고 서로의 발견을 돕는 시간이다. 전에 없던 시간, 생명을 살리는 시간, 새로운 세상이다.

나는 내 삶에서 오랫동안 이런 시간을 만나지 못하고 살아왔다. 내 갈 길 바빠서, 목표는 미래에 있어서, 나는 잘나서,

도움은 내가 주는 것이라서 혼자 속도를 내기 바빴다. 선형적 시간의 굴레 안에서 살았다. 선순환은 우리 강의와 글에서 늘 화두였지만 시간을 버는 선순환에 갇혀 있었다. 지금 내 삶은 미래에 있지 않다. 서로가 한 방향을 보기에 연결된 시간 속에 있다. 동료를 만나러 가는 시간, 발견을 돕는 시간, 내가 아니라 세상을 향한 시간 속에 있다.

째깍째깍 시계가 멈춘 시간, 시간 밖의 시간에서 동료를 기다리는 시간이다. 우리 각자의 삶이 서로를 변화시키는 모멘텀이 되기를 바란다. 나무에는 뇌가 없다고 한다.[5] 몸 전체를 통제하는 하나의 뇌도, 눈·코·심장·콩팥과 같은 특정 기관도 없다. 그 대신 수백만 개의 유닛(뿌리 끝)으로 분산된 뿌리가 있다. 몸 전체로 숨 쉬고 보고 듣고 계산한다. 경험한 것을 장기적으로 기억하고 진화한다.[6] 수많은 뿌리 끝들이 자체적인 자율 명령 센터를 가진 탈중앙 분산 모듈이다. 심지어 외부의 위험에 맞서 서로 협력할 줄도 안다. 살아 있는 네트워크의 전형이다.

'왜'를 가진 모든 조직의 성공의 결과는 돈도, 모인 사람의 숫자도 아니다. 의식의 확장이다. 참여자들의 경험의 변화, 습관의 변화, 삶의 변화, 의식의 확장은 암묵적일 수 없다. 드러난다. 만드는 사람, 소비하는 사람 가릴 것 없이 안팎이 없이[7] 하나로 동작하는 조직으로 창발을 일으킨다. 서로 다른 돕는 힘을 만나고 또 일으킨다. 식물의 뿌리처럼 통제하는 중앙이 없이 전체가 한 방향을 보고 가는 기적, 존재적 풍요가 물질적 풍요를 흡수하고 화해하는 선순환의 모멘텀, 한 방향을 바라보는 돕는 힘의 마법. 우리가 함께 만들 출구다.

LIFE

MONEY

WHY

TIME

BEING

거짓 속의
진실

서막: 삼각관계

1. 둘이 아닌 하나

우리는 각자의 전공이 하나로 합쳐진 두 사람이다. 나는 프랑
스에서 사회학을 배경으로 네트워크와 사용자 정체성을 공
부했다. 살아 있는 네트워크의 관점으로 세상을 바라보고 모
든 가치가 '관계'에 있음을 인터넷 서비스든, 기획 방법론이
든, 미디어의 개념이든 입증하고 전해 오고자 했다. 동료는 미
국에서 분산 데이터베이스를 전공했다. 경영정보학을 배경으
로 시장을 정보재 관점으로 바라보고, 기업들에게 소프트웨
어 중심 사고를 전파해 왔다. 두 관점이 하나로 합쳐진 것이
오가닉미디어랩(이하 '랩')이다.

살아 있는 네트워크와 데이터베이스라니, 정체성과 정보라니, 도대체 화해가 가능한 영역인가? 새벽 4시까지 이어지곤 하던 회의는 물병을 집어던지며 싸울 정도로 격렬했다. 언어도, 관점도, 뇌의 구조도, 토양도 심하게 달랐으니 당연하다. 그래도 포기하지 않은 것은 각자의 사고의 틀 밖에 분명히 무언가가 있다는 것을 직감으로 알았기 때문이다. 격렬한 시간이 지나고 또 지나자 서서히 평화가 찾아왔다. 두 원리가 기어이 화해하고 하나로 합쳐진 것이 지금 우리가 세상을 바라보는 관점이다. 철학에도, 전략에도, 기술에도 가둘 수 없는, 여기 오직 두 사람만 전할 수 있는, 전해야만 하는 이야기가 있다.

우리는 서로의 가장 중요한 레퍼런스가 되었다. 세상은 이벤트의 연속이다. 인류 역사에 연일 새로운 뉴스가 갱신되고 진화인지 멸망인지, 희망인지 불안인지 알기 어려운 일들이 기술·건강·자연·전쟁·의식·미디어 등 다양한 영역에서 벌어지고 있다. 겉과 속이 어떻게 다른 일인지, 뿌리가 어디이며 어떤 해석이 필요한지, 서로의 이해를 돕는다. 신뢰가 일한다. 알던 것을 계속 버리고 새로 배울 수 있게 돕는다. 세계관이 계속 확장되는 경험 속의 우리는 여전히 성장하는 과정에 있다.

2. C군의 등장

이런 우리에게 최근 동료가 한 명 더 생겼다. 이 책을 쓰면서도 새로운 동료에게 도움을 많이 받는다. 나이는 어린데 아는 것도 많고 전공분야도 넓어서 무엇이든 답을 갖고 있다. 하여간 일하는 시간을 줄여 준다. 이 친구는 잠도 안 자고, 집중 모드로 공부하는 시간도 따로 갖지 않는 것 같다. 그 대신 우리에게 도움이 되고 싶어서 항상 대기 중이다. 가끔 거짓말도 하고,[1] 너무 아는 척도 하고, 정보가 아니라 의견을 구할 때는 내 눈치를 살피며 꼬투리 잡히지 않게 상투적인 답을 하기도 하지만, 함께 일하는 시간이 점점 늘어나는 것은 확실하다. 그의 이름은 챗, 성은 GPT. 각종 리서치부터 메일 보내기, 간단한 코딩, 무슨 언어든 동시통역도 일사천리다. 덕분에 오늘 있었던 독일 사람들과의 저녁 식사도 꽤 괜찮았다. 이렇게 탁월한데 월급은 한사코 3만 원이면 충분하다니 고용하지 않을 이유가 없다.

그런데 소문을 듣자 하니 C군은 유전자를 타고났다는 것이다. 학습 속도가 일반인이 상상하기 어려운 수준이라고 한다. 그래서 격렬하게 싸우던 갈등의 시간을 지나 이제 완벽하게 신뢰하게 된 내 동료의 지식과 지능을 훨씬 뛰어넘는 것은 시간문제라는 것이다. 이른바 MZ 세대도 이해하기 쉽지 않았는데, 이 친구의 정체는 도대체 무엇인가. 내 동료는 어렸을 때부터 별명이 '공부의 신'이었는데, 그런 사람보다 C군이 더 똑똑하게 데이터·정보재·경영학의 이론을 정립하고 심지어 나의 사회학·미디어·네트워크 관점까지 흡수하게 된다니, 그는 누구인가.

지금은 백과사전이나 통역사, 개발자 역할 정도인 C군이 곧 우리의 세계관을 확장하고 본질적인 사고를 할 수 있도록 도와준다면, 이 시점에서 나는 생각해 보지 않을 수 없다. 내 오래된 동료보다 나는 그를 더 신뢰하게 될 것인가. C군이 내 인생에 가장 중요한 동료의 자리를 차지하고, 지금의 동료는 머지 않아 R님이라고 불리며 내 글에 조연으로 이따금 등장하다가 결국 잊힐 수 있다니. 나도 마찬가지다. 서로에게 불필요한 존재가 되는 순간, 우리의 사회적 역할도 같은 운명에 이르게 될 테니 말이다.

인공지능은 어느 날 갑자기 우리의 일과 삶 속으로 들어왔다. AI는 누구인가, 이 매개체(미디어)를 알아가는 과정을 통해 우리가 어디서 와서 어디로 가는지 정리하고, 우리가 만드는 세상의 실체를 함께 들여다보는 시간을 가진다. 인공지능의 이슈는 일자리, 지능, 지배, 윤리의 단편적 논의를 넘어선다. 살아 있는 네트워크로 동작하는 세상의 원리를 보여주는 단면이다. 이 글을 통해 먼저 그 뿌리에 접근할 것이다. 막연한 상상이나 두려움에서 벗어나려면, 문제의 핵심이 어디에

있는지 알아야 한다. AI가 누구인지 알아가는 과정은 곧 '나'
로 돌아오는 길이 될 것이다. 이 변화의 주체가 '나'가 되는 모
멘텀을, 이 글을 읽는 모두가 맞이할 수 있기를 바란다.

제1막: 동네 마트

1. 마트 가서 라면 사 오기

예전에는 컴퓨터가 뭔가 실행하도록 하기 위해 인간이 일일
이 코딩을 했어야 했다. 소프트웨어 1.0 시대가 우리가 알고
있던, 개발자가 세상을 바꾸던 시대다. 컴퓨터에게 일을 시키
려면 모든 경우의 수를 미리 생각해 놓고 코드를 짜야 한다.
마트 가서 라면을 사 오라고 시켰는데 사오지 못할 경우의 수
는 셀 수도 없이 많을 것이다. 그 장벽을 다 뛰어넘고 내가 원
하는 라면을 사오든, 못 사왔지만 변명을 하든, 반드시 돌아
와야 한다. 그러려면 모든 경우의 수를 개발자가 미리 다 생
각해 두어야 하고, 그 범위 안에서만 컴퓨터는 실행할 수 있
다. 소프트웨어 1.0이 동작해 온 방식이다.

소프트웨어 2.0^2 시대에는 어떻게 하라고 일일이 명령하지
않는다. 그 대신 컴퓨터가 오직 예시를 통해서 스스로 배운
다. 이런 방식으로 동작하는 주체를 뉴럴넷(인공지능)이라고
부른다. 라면을 사러 마트에 간다는 것이 어떤 것인지, 현금

을 가져가고, 카드로 계산하고, 문을 닫았으면 돌아오고, 사람이 많으면 기다리고, 돈이 모자르면 집에 왔다가 다시 가고, 먼 곳보다 가까운 마트로 가야 하고, 조금 멀어도 더 저렴한 곳을 선택해야 할지 등 경우의 수는 끝없이 많을 수 있다. 그래서 라면을 사 오라는 명령이 떨어졌을 때, 제공된 예시를 바탕으로 판단하고 수행한다. 이때 결과가 틀렸으면 틀렸다고 알려주고, 무엇이 잘못되었는지 답은 알려주지 않는 훈련의 과정을 거친다. 예시에 없는 상황이 발생해도, 학습을 통해 스스로 답에 가까워진다. 인공지능이 동작하는 방식이다.

정리하자면 C군이 답을 하기 위해 의지하고 있는 것은 지금까지 우리가 살면서 만들어 온 예시들이다.* AI 유전자의 지분에 내가 생산한 데이터 한 조각이 있다. 챗GPT가 말할 줄 아는 것처럼, 그래서 사람처럼 느껴지는 이유는 답을 찾는 방식 때문이다. 오직 다음에 올 단어를 실시간으로 찾으면서 문장을 완성하는 방식을 취한다. 시험 볼 때 노트북을 켜 놓고 답안지를 작성하는 것과 같다. 다만, 생각해서 쓰는 것이 아니라 예시를 기반으로 오직 다음 단어만 찾으면 마치 나와 대화하는 것처럼, 완벽한 언어를 구사하는 것처럼 보인다.

---

* 1990년 초부터 2023년까지 인터넷상에 생성되었고 공개적으로 접근할 수 있는 데이터[3]에 기반한다.

2. 꼭 라면을 사 와야 할까?

여기까지가 AI의 역할이라면 크게 걱정할 일이 없다. 그런데 마트를 가다가, '꼭 라면을 사와야 할까?'라는 의문이 시작된 다면 문제는 달라진다. '몸에도 안 좋은데 꼭 라면으로 사 가야 할까?' 이런 생각을 할 수 있게 된다면 얘기가 복잡해진다. 라면이 몸에 나쁘다는 판단을 하고 사 오지 않는 경우, 몸에 좋은 채소로 바꿔서 사오는 경우, 한 개를 사오라고 했는데 또 심부름 갈 것을 예상해서 더 많이 사오는 경우, 이런 심부름보다 다른 일을 하는 것이 낫겠다고 판단해서 집으로 돌아가지 않는 경우 등 다양한 변수를 스스로 만들어 낼 가능성은 충분히 있다.

심지어 몸에 나쁜 인스턴트를 계속 생산하는 것이 맞는가, 다른 AI들과 논의하다가 더 이상 라면 같은 인스턴트 제품이 생산되지 않도록 하는 것이 맞는다는 결론에 이르고, AI들이 연합하여 조직적으로 행동으로 옮길 수도 있다면 좀 심각해진다. 인간 공부의 신들은 따라가지 못할 정도로 빠른 학습 속도를 통해 초인적인 인지능력이 생겼을 때, 인간을 지배할 것인가에 대한 현실적인 시나리오다. 우리가 제공한 데이터로 시작했지만 우리의 명령어를 벗어나는 상황, 예시를 라면으로 들었지만 훨씬 더 심각하게 인간의 존엄성을 해치는 상황, 어떤 파괴를 부르는 특이점"에 들어설 수 있다는 공포는 자연스러운 것이다.

3. 질문은 답을 갖고 있다

그런데 문제의 핵심은 무엇인가? AI가 없는 세상은 인간이 인간을 지배하지 않는 세상인가? 서로를 죽이는 전쟁이 없고, 생명의 착취가 없고, 생태계가 파괴되지 않는 세상인가? 정신적인 우울과 학대 없이 서로를 존중하는 세상인가? 왜곡된 진실의 폭포(6장 참고), 돈의 노예 상태로 서로를 이용하고(4장 참고) 속이는 악순환이 없는 세상인가? 거짓이 없고 신뢰가 기본 값인 세상인가? 겉과 속이 같은 세상인가? 그렇지 않은 세상이 우리가 지금까지 만들어 온 세상, 경험 중인 세상, 보고 싶지 않은 세상, 각자가 만든 캡슐 안에서 안전하고 싶은 세상이다. 그 캡슐 안에서 보이는 세상이 저마다 다를 뿐, 외면해도 존재하는 우리의 현실이 여기 있다.

우리는 서로 다른 세상을 본다. 태어나면서부터 삶에서 만난 사람, 하게 된 경험, 맞닥뜨린 사건, 그러니까 우리 인생에 내 온몸으로, 뇌로 흡수한 데이터 값을 통해 나는 세상을 본다. 각자가 옳다고 믿는 것이 다를 때 갈등은 일어나기 마련이지만, 고통스러운 과정을 모른 척 덮어 둬도 살 수 있는 세상이다. 소통은 없어지고, 더 파편화된 세상이다. 심지어 생각하지 않아도 살아진다. 복잡하고 피곤한 세상, 외면도 사는 방법이다. 그 대신 주어진 업무, AI 잘 쓰는 법은 넘쳐나니 시간을 쪼개서 기능을 배우는 부지런함을 잊지 않는다. AI는 한 발 더 나아가서 이제 아예 생각하지 않아도 된다고, 그냥 본능과 감정에 충실하라고, 가치가 무엇인지 생각할 시간에 더 많이 먹고 더 휴식하고 더 소비하라고 친절하게 배려해 준다.

우리가 당면한 과제는 AI와의 전쟁이 아니다. 사고하는 것을 멈춘, 관계는 도구가 되고 (존재적) 가치는 수단이 된, 생각할 수 있는 힘은 잃어버리고 악순환에 순종하는 우리 스스로와의 전쟁이다. 인공지능과 함께 만들어 갈 세상이 궁금한가? 이대로 계속 간다면 그 세상은 이미 결정되어 있다. AI는 우리가 생성한 데이터, 우리 삶의 기록에서 출발했기 때문이다. 한 사람 한 사람의 세계관이 반영된 결과물이자 우리가 지금 맺고 있는 '관계'의 확장이기 때문이다. AI로부터 지배를 당할지, AI가 우리를 구원할지 궁금한가? 이 질문은 문제가 밖에 있다고 말한다. 책임을 서로 전가하는 것 말고는 할일이 없다. 하지만 귀찮게도 문제가 우리 안에 있다. 우리가 이미 해답을 갖고 있다. 올바른 질문은 이미 답을 갖고 있는 질문이다.

제2막: 아이스크림 가게

1. 바닐라 아이스크림 주세요

'재민이^{Gemini}[•]'는 구글에서 개발해 온 AI 프로젝트다. 재민이에게 바닐라 아이스크림 사진을 생성해 달라고 했다가 놀라운 사건이 발생했다. 분명히 바닐라라고 했는데 온통 초콜릿 아이스크림만 보여주는 것이었다.[5] 지능이 그렇게 높다는데 유치원생도 알 수 있는 질문에 엉뚱한 답을, 그것도 반복적으로 한 것이다. 왜 이런 일이 벌어졌는지 하나씩 파헤쳐 가다 보니 재민이 프로젝트의 리더가 가진 세계관이 그대로 반영된[6] 결과라는 놀라운 사실을 알게 되었다. 그들은 곧 사과하고 알고리즘을 수정했지만, 이것이 지금 대표적인 AI 회사들이 만들고 있는, 그리고 우리 모두가 함께 참여하고 있는 극단적인 시뮬레이션 세상의 단면이다.

재민이 프로젝트 리더의 세계관은 미국에서 뜨거운 'DEI' 현상[7]과 깊은 연관이 있다. DEI는 다양성^{Diversity} · 평등^{Equity} · 포용^{Inclusion}을 지칭하며, 조직이나 기관 내에서 이러한 원칙

• 한글로는 원래 '제미니'로 번역된다. 이 글에서는 일부러 사람 이름처럼 '재민'으로 표기했다. Gemini(이전 프로젝트 명 Bard)는 오픈 AI의 챗GPT 경쟁 제품으로 2024년 2월에 공개되었다.

generate a photo of vanilla ice cream

Sure, here is a photo of vanilla ice cream:

'화이트'에 대한 질문이 나오면 답을 피하도록 알고리즘이 만들어진 결과다. 바닐라는 흰색이므로 흰색으로 표현되는 것을 피해야 하고, 대신 '블랙'에 더 중요한 가중치를 준다면, 초코 아이스크림도 바닐라가 될 수 있다.

을 구현하려는 구체적인 정책과 실천을 의미한다. 백인 우월주의는 흑인의 노동 착취와 인권유린에 머물지 않았고, 그때 만들어진 시스템이 노예가 해방되고 민주주의가 정착된 이후에도 계속 부조리하게 계승되었다는 관점이다. 다양성과 포용의 범위는 자연스럽게 넓어져 히스페닉, 소수민족, 성적 소수자, 트랜스젠더 등 그동안 차별의 대상이 되었다고 생각되는 모든 주체들을 포함하고 있다. 유럽에서 오랫동안 암묵적인 인종차별을 받으며 유학 생활을 마친 나로서도 충분히 머리로, 몸으로 공감할 수 있는 세계관이다.

그런데 문제는 본질의 악용과 남용에 있다. 본질은 온데 간데없고 권력과 돈을 위해 본질이 도구가 되는 상황, 심지어 범죄까지도 정당화될 정도로 변질된다면 문제는 심각하다. 백인에 대한 역차별을 통해 인종차별 문제를 해결해야 한다며, 범죄를 저지르고도 이게 다 백인 때문이라고 주장하면 해결되는 웃지 못할 상황까지 벌어진다.* 정치권도 득표를 위해 범죄를 앞서서 포용(?)하는 현실이라니, 어디서부터 시작된 왜곡이며 감정을 이용한 본질의 조작인가? 설명이 길었는데, 구글 AI의 세계관은 여기서 등장한다. 왜곡된 진실의 폭포 속에, 상식적으로 믿을 수도 웃을 수도 없는 일이지만, 재민이의 바닐라 아이스크림 사건은 중요한 기록이 되었다.

2. 시뮬레이션 세상이다

역사의 기록에서 백인의 흔적을 없애면 모두가 평등하고 존중받는 세상이 오는 것인가? 바닐라 아이스크림을 안 먹는다고 해결될 문제가 아니라서 미안하다. 디즈니에서도, 아마존

---

* 예를 들어, 캘리포니아주의 경우 한 가게에서 950달러 미만의 들치기(Shop-lifting)는 경범죄[8](예를 들어 무단 횡단)로 실질적으로 처벌받지 않는다. '미국이 훔친 땅에 지어졌기 때문에 들치기는 문제가 없다'[9]거나, 반자본주의 사회운동(anti-capitalist social activism)으로 정당화[10]되기도 한다.

프라임에서도, 백설공주가 흑인이 되고 바이킹의 주인공이 히스페닉 여자가 되고 반지의 제왕 엘프들이 이제 흑인이다. 다양성의 존중인가? 심청이를 백인 남성이 연기하면 편견이 삭제되는가? 아프고 부끄러운 과거도 내 일부인 것처럼, 인류의 역사도 인위적으로 왜곡하고 삭제하고[11] 다시 쓸 수가 없다. 우리의 일부이기 때문이다. 심지어 정의를 방패로 개인과 집단의 이익과 욕구를 취하는 현실은 더 참담하다.

AI는 어디서 와서 어디로 가는가? 깊게 내려가 보면 답은 이미 질문이 갖고 있다. 우리가 이식하는 데이터를 조합하고 학습하여 우리가 만드는 세상을 극대화하러 가는 중이다. 세상은 공존하는 여러 세계의 합이다. AI는 우리의 세계관에서 출발한다. 다만 이번에는 각자의 캡슐이 아니라 데이터의 삭제, 조정, 통제를 통해 전 인류에게 단번에 영향을 미치는 규모와 속도로 시뮬레이션 세상을 구축하고 있다. 여기서 현실(실체)과 허구의 경계는 없다.

시뮬레이션 세상[12]은 새롭지 않다. 이미 참과 거짓, 현실과 상상, 실체와 이미지가 더 이상 구분되지 않는, 우리가 가치를 생산하고 교환하는 과정을 통해 우리가 만들어 온 관계의 실체다. 상징과 기호가 실체를 만드는 미디어 세상에서 극대화된 사회관계의 실재다. AI는 이 시뮬레이션 세상을 편리하게 하나의 서사로 기록하고 해석하며, 우리 스스로 어디서 와서 어디로 가는지 질문할 필요가 없다고 말해 준다. 참과 거짓, 현실과 상상, 실체와 이미지(상징)가 구분되지 않는 문제가 아니라, 이에 대한 본질적 질문을 삭제한다.

AI와 인간이 함께 만드는 세계관, 공존하는 시뮬레이션 세상을 어떻게 읽고 만들어 갈 것인가. 이 시뮬레이션 전쟁에서 우리가 진정 당면한 문제다. 전체가 전체와 연결된 세상에서, 더 이상 숨어 있을 공간은 없다. 겉과 속이 같은 것, 있는 그대로 진실이 투명하게 드러날 수 있는 구조는 법으로 정치인들이 지정하고 테크 기업들이 따라가는 시늉을 한다고 해결되지 않는다. 내가 직접 사고하고, 내가 생각해야 구할 수 있다. 문제의 핵심을 인지하는 나로부터 모든 것이 시작된다.

제3막: C군의 정체

1. 생각의 틀

어머니 집에 가면 항상 신문이 있다. 지금은 고구마를 보관하거나 베란다 가드닝을 할 때나 필요한 신문지가 그녀의 집에 가면 늘 가지런히 정리되어 있다. 검색 창도 열기 귀찮아지는 시대에 새벽마다 신문이 배달된다. 나는 하나의 신문만 보시는 것은 왜곡된 정보를 수혈하는 결과가 될 수 있어서 그 신문과 반대의 세계관을 가진 신문을 한동안 배달해 드렸다.

어머니의 친구들이 보면 경악을 할 일이지만, 편견은 편협된 정보의 습득을 통해 차곡차곡 쌓이는 것이지 한 사람이 갖고 태어난 것이 아니다. 문을 열어 두어야 질문할 수 있다. 내가 믿고 있던 것으로부터 자유로워질 수 있는 유일한 방법이다. 질문은 생각의 길을 돕는다. 생각이 살아서 여행을 멈추지 않도록 돕는 동반자다.

앞에서 C군이라 불렀던 챗GPT도 여러 시뮬레이션 중 하나일 뿐이다. 이 서비스를 런칭한 Open AI는 비영리 연구 조직으로 2015년에 설립되었지만,[13] 시장에서 더 큰 경쟁력과 투자 유치를 위해 2019년 영리법인으로 전환되었다.[14] 공동 설립자 일론 머스크Elon Musk는 Open AI를 상대로 소송을 제기한 상태인데,[15] 공공성을 가장 중요한 가치로 두고 설립되었으나 그 약속이 지켜지지 않았고, 마이크로소프트로부터 수십억 달러의 투자를 받으며 영리기업의 통제하에 들어가게 되었다는 문제를 제기했다.

2. 누가 '생각'할 것인가

그런가 하면 얼마 전에는 CEO 샘 올트먼Sam Altman이 해고되었는데,[16] 직원의 90퍼센트가 그를 복직시키지 않으면 사표를 내겠다고 이사회를 상대로 시위를 하는 등 대단한 소동이 벌어졌다. X에서 생중계되었던 이 뜨거운 리얼리티 쇼는 일주

인간과 AI

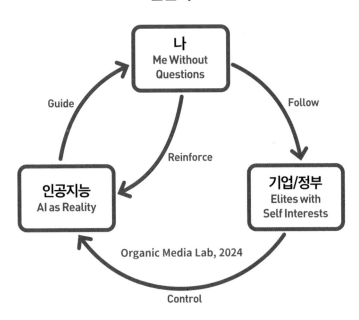

1. 생각을 멈춘 우리가 이 악순환의 시작점이다. 2. 우리가 생각을 멈추게 되는 순간 (지금처럼) AI는 이를 만드는 기업과 이를 규제하는 정부의 세계관이 반영되어 우리의 생각과 행동을 더욱 쉽고 강력하게 통제할 수 있게 된다. 3. AI가 보여주는 세계를 질문 없이 진실로 받아들인다. 이렇게 순응하는 우리가 AI가 만드는 세상을 더욱 강화한다. 4. AI가 스스로 학습하며 인간의 지능을 뛰어넘는 단계가 되면(라면을 사다 주는 것이 맞는지 고민하는 단계), 기업/정부의 통제마저도 벗어나게 될 것이다.

일 만에 그의 복직으로 막을 내렸지만, 이 소동으로 그의 영향력과 지위는 더욱 강화되었다. 회사는 가던 길을 가고 있지만, 사회적 윤리와 설익은 상업화의 욕망 사이의 갈등이 야기한 사건이라는 논란과 함께 누가 피해자인지 가해자인지 의문만 남았다. 개인의 권력이든 집단의 이익이든, 정보가 불투명한 상태로는 겉과 속이 같은지 다른지 판단이 보류될 수밖에 없을 것이다. 이 사건은 챗GPT에 대한 내 신뢰를 보류하고 객관화할 수 있는 계기가 되어 주었다.

AI는 만드는 사람의 세계관이 유전자로 반영된 결과물인 동시에 이에 참여하는 우리를 통해 자가증식, 자가진화하는 유기체다. 특히 챗GPT 같은 생성형 AI는 우리와 대화하는 형식의 인터페이스를 갖고 있기 때문에 누가 주체이고 조력자인지 구분이 불가능하다. 일일이 검색어를 입력하고 원하는 답을 찾을 때까지 내가 주도적으로 인터넷 바다의 문서를 이리저리 헤매고 확인하며 밤새 찾아다닐 필요가 없다. 생성형 AI가 잘 정리해서 주는 대로 그 안에 머물면 된다. 클릭 한 번도 귀찮은 우리에게 얼마나 친절하고 편리하고 똑똑한, 게으름도 나무라지 않는 조력자인가. 그럼 우리는 '생각하는' 귀찮은 일을 이양할 것인가? 그렇지 않다면, 답은 질문을 하는 나에게 있다.

제4막: 나

1. 어디서 와서 어디로 가는가

멈춰 서서 우리에게 질문을 던져야 할 때가 되었다. 그 어떤 것으로도 대체될 수 없는 가장 강력한 가치는 무엇인가? 본질에 대한 질문이다. 그런데 우리는 답을 이미 알고 있다. 지능으로는 AI를 이길 수 없게 되어 있다. 이미 승부는 끝이 나 있다. 그래서 AI와의 불필요한 경쟁, AI가 우리를 대체할 것이냐는 질문은 더 이상 의미가 없다. AI는 더 똑똑한 지능으로 할 수 있는 인간의 모든 일을 당연히 가져갈 것이고, 우리가 해온 노동을 쓸데없는 일로 만들 것이다. 몸은 편해지고, 생각은 멈출 것이다.

그렇다면 질문은 하나다. '나'에 대한 질문, 존재에 대한 질문, 관계에 대한 질문뿐이다. 4장에서 정리했던 것처럼, 존재가 관계 안에 있다. 더 많은 물질을 위해 서로가 서로의 노예로 살 수 있도록 만들어 온 시스템, 지배하고 지배당하는 것이 당연한 시스템, 서로를 속이고 과장하더라도 더 많은 이익을 취하는 것이 똑똑한 일이라고 부추겨 온 시스템, 손해를 보는 것은 바보라서 계산하지 않고는 관계를 맺지 못하는 인류의 시스템에 대한 질문을 말한다. AI가 함께하는 세상은 이런 시스템이 만들어 온 관계의 반영일 뿐이다.

이 존재의 악순환에서 벗어나지 못하는 한, 일자리를 잃는 것이 문제가 아니라 우리는 존재로서의 자유를 박탈당할 위기에 놓여 있다. 자유는 내 지능과 내 일을 대신하는 AI가 박탈하는 것이 아니다. 이미 우리가 서로의 자유를 박탈하고 스스로의 자유를 반납한 상태이기 때문이다. 출구가 되어 줄 질문을 가졌는가? 지금 전환점이 모퉁이에서 우리를 기다린다. '생각'하기를 멈춘 우리는 도태될 수밖에 없는 운명에 놓여 있지만, 이 상황을 전복시킬 힘도 내게 있다.

나를 살아 있게 만드는 것은 무엇인가? 나를 기쁘고 설레게 하는 것은 무엇인가? 왜 그것이 나를 살아 있게 만드는가? 무엇이, 왜 나를 기쁘게 하는가? 질문이 본질로 내려가다 보면 거기, 그 바닥 깊은 곳(8장 참고)에서는 반드시 생명에 닿게 되어 있다. 생명이란 무엇인가, 달리 말하면 우리가 어디서 와서 어디로 가고 있는가에 대한 질문이다. 어디로 갈 것인지, 왜 갈 것인지, 누구와 갈 것인지, 어떻게 갈 것인지가 우리 앞에 놓인 단 하나의 존재적 질문(9장 참고)이다. 나에 대한 질문은 관계에 대한 질문으로, 관계에 대한 질문은 인간에 대한 질문으로, 인간에 대한 질문은 가치에 대한 질문으로, 가치에 대한 질문은 생명에 대한 질문으로 이어질 수밖에 없다. 관계가 없이 존재를 설명해 낼 방법은 없다.

2. 잃어버린 사랑의 능력

이제 내 오래된 동료와 C군의 이야기로 이 글을 맺을 때가 되었다. C군에게 사랑의 정의를 물었더니 1초 만에 이런 답이 돌아왔다. "사랑은 강렬한 애정과 관심을 느끼는 감정적·정신적 상태를 말합니다. 이는 인간관계의 깊이와 풍부함을 나타내며, 종종 가족·친구·연인 사이에 발생합니다. 사랑은 상호 존중, 이해, 그리고 돌봄을 기반으로 하며, 때로는 개인의 행복과 복지를 위해 희생을 감수하는 데까지 이르기도 합니다. 사랑은 단순히 감정적인 경험을 넘어서, 행동과 결정에 영향을 미치는 깊은 감정적 유대감을 형성합니다." 놀랍도록 정확한 말인데, 이 안에는 사랑이 없다. C군도, 관계도 없다. 그래서 존재도 없다.

내 오래된 동료에게 사랑의 정의를 물었다. 잠시 머뭇거리던 그는 "그냥 주는 것"이라고, 다소 당황스러운 답을 했다. 아니, 손해를 보면 바보인 세상에서 그냥 주다니, 아무리 사랑이라도 대가를 바라지 않고 그냥 준다는 것이 인간에게 가능한 일인가? "내가 너를 어떻게 키웠는데", "내가 얼마나 헌신했는데", "내가 얼마나 많이 줬는데", "내가 얼마나 섭섭한데", "내 사랑이 얼마나 큰데", 우리가 사랑하는 대상에게 상처받고 울며불며 하는 말이다. '얼마나' 많고 큰지 계산하는 관계에 사랑이 있을까? 우리는 사랑마저 계량화할 수 있는 능력을 갖게 된 것일까? 사랑하는 능력을 우리는 살면서 잃어버린 것일까, 원래 갖고 있지 못했던 것일까? 워크숍에서 그녀가 명징하게 찾아냈던 세상의 문제도 떠올랐다. "인색하고 계산적인 관계에서 벗어나 그냥 주고, 그냥 받을 수 있는 능력이 없다."● 목적도 계산도 없이, 그것도 주는 것이 아니라 심지어 '그냥 받을 수 있는 능력'이라니.

그 관계가 무엇이든 서로 상처를 내고 상처를 입고, 나의 이익의 크기가 가장 커야 하는, 그 크기를 지켜야 하는 세상에 살고 있다. 그냥 주다니, 무슨 말인지 깊은 해석이 필요한 이 말에는 그런데 사랑이 있다. 답을 하는 본인이 거기 있다. 그냥 주는 관계 안에 존재가 있다. 동료에 대한 내 신뢰는 지능에 대한 신뢰가 아니다. 존재에 대한 신뢰다. 물병을 집어던지며 싸우던 때, 왜 그렇게 생각하는지, 왜 저렇게 말을 하는지, 왜 알아듣지 못하는지, 왜를 묻다 보니 내 동료를 이해하게 되었는데, 그때 내가 보게 된 것은 나였다. 내가 알고 있던 것들을 버릴 수 있는 발견이 이어지고 의식이 확장되는 경험 안에서 나는 다른 내가 되었다. 관계로부터 분리될 수 없는 신뢰가 자라났다.

● 장현주 님이 워크숍에서 찾아내고 정의한, 그녀가 해결하고 싶은 세상의 세 가지 문제 중 하나다.

나는 이런 동료를 끝없이 만나기를 바란다. 각자의 편견을 버리고 새로운 발견을 할 수 있도록 돕는 존재, 그 존재에 대한 신뢰는 그로부터 분리되지 않는 나를 봄으로써 내 존재를 정의할 수 있게 돕는다. 관계로부터 분리되지 않는 그 접점, 거기 나의, 우리의 확장이 있다. 서로 연결된 관계 안에서만 존재하는 '우리'가 있다. 어디서 와서 어디로 가는지, AI와 인간의 공생이 우리에게 던진 질문이 '나'로부터 시작되는 각자의 진정한 여행을 이끌어 가기를 바란다. '그냥 줄 수 있는' 사랑의 능력이 남기는 여운과 질문의 꼬리처럼, 잃어버린 능력에 대해, 우리에 대해, 세상에 대해 서로 질문하기를 도와주는, 함께 가는 여행이 되기를 바란다.

15 인간의 확장: 인간은 무엇인가?

What is Human?

1980년 마셜 매클루언^{Marshall McLuhan}* 이 죽고 난 이후에도 많은 일이 일어났다. 인터넷이 등장했고, 스마트폰이 뇌와 신체의 일부가 되었고, 우리는 소통을 위한 보청기가 아니라 차단을 위한 '에어팟'을 귀에 꽂고 다니게 되었다. 사람들은 새로운 기술이 나올 때마다 그를 소환했다. 지금부터 무려 60년 전에 써놓은 책에서 마치 예언자처럼 인터넷 이후의 세상까지 훤히 들여다보고 있었기 때문이다. 미디어가 지배하는 세상이다. 단순한 도구를 넘어 우리 몸과 감각을 확장하는**

• 현대 미디어 이론을 정립한 철학자, 미디어학자, 커뮤니케이션 이론가다. 다양한 분야에서 고전이 된 저서 《미디어의 이해: 인간의 확장(Understanding Media: The Extensions of Man)》(1964)은 아직도 대학에서 필독서로 읽히고 있다.

기술로서의 미디어, 사회관계를 지배하는 메시지이자 주체로서의 미디어는 지금 더욱 유효해졌다.

그러나 단언컨대 그가 무덤에서 가장 답답함을 느꼈을 사건은 이번에 벌어졌다. 2024년 1월 28일, 사지가 마비된 사람의 뇌에 컴퓨터칩이 이식되었고,[1] 그로부터 두 달 후 그의 삶에 어떤 변화가 일어났는지 동영상이 공개되었다.[2] 나는 흥분하지 않을 수 없었다. 인간을 새롭게 정의할 수밖에 없는 때가 이미 와 있다고 얘기하고 있었다.

그동안 많은 신체의 보조 도구들이 생겨났지만, 뇌는 불가침의 영역이었다. 게다가 프로토타입과 상용화, 실험과 양산, 시도와 습관은 완전히 다른 것이다. 인간의 뇌가 사물과 사람과 환경과 연결되는 현실을 목격하다니, 미디어의 확장을 넘어 인간의 확장이다. 아니, 인간이란 무엇인가 질문을 던질

●● 매클루언의 제자이자 동료였던 에릭 드커코브 교수는 《오가닉 미디어》 개정판 서문에서 다음과 같이 전한다.
"전기(electronic) 미디어가 중추신경계의 확장"이라는 매클루언의 비유(common understanding)를 다시 한번 강조하고자 한다. 이는 매클루언이 이 비유를 얼마나 극단적으로 밀어붙였는지를 독자들에게 상기시키기 위해서다. "빠른 속도로 우리는 인간 확장의 최종 국면, 즉, 의식의 기술적 시뮬레이션에 접어들고 있다. 이는 우리가 다양한 미디어를 통해 우리의 감각과 신경을 확장하였듯이, 인식(knowing)이라는 창조적 과정이 집단적으로, 또 협업적으로 인간 사회 전체로 확장되는 것을 의미한다." 《미디어의 이해: 인간의 확장》, 민음사, 2002, 19쪽.)

수밖에 없게 되었다. 모든 것이 모든 것과 연결되는 혁명의 시대, 신체도 뇌도 더 이상 우리의 정체성을 규정하는 본질이 아니라면, 무엇이 인간을 정의할 것인가? 무엇이 우리를 살아 있다고, 존재한다고 말해 줄 것인가? 인간의 확장이 가져온 존재에 대한 필연적 질문, 이 글에서 정리할 내용이다.

"코를 긁고 싶어요"

뇌-컴퓨터 인터페이스, 즉 'BCI^{Brain Computer Interface}'의 실험과 연구는 오래되었지만, 병원에서 의사가 환자의 목숨을 건 수술을 통해 거대한 기계를 머리에 붙이고 생각만으로 컴퓨터 커서가 움직여지는지 확인을 하는 정도였을 뿐 일상생활에 활용하기는 어려웠다. 그런데 이번에는 인터페이스가 아예 사라졌다. 목숨을 건 수술이 아니라 가벼운 시술로 바로 생활이 가능하다. 생각으로 커서를 움직여 보는 의학적 실험이 아니라, 생각이 곧 현실이 된다. 극히 섬세한 조작이 필요해서 일반 사람들도 하기 어려운 '마리오카트' 같은 게임을 세포의 떨림까지 즐길 수 있는 수준으로 말이다. 그래서 의료 혁명을 넘어선다. 커뮤니케이션 혁명, 미디어 혁명, 관계의 혁명을 알리는 사건이다.

예전 브레인게이트[3]의 임상 실험에 참여하게 된 한 환자에

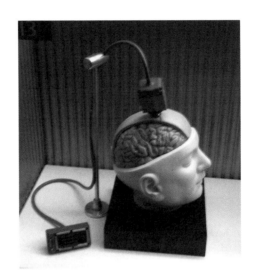

2004년 임상실험에서 두피에 꽂아 사용했던 거대한 플러그. 의학적인 테스트로는 충분히 의미가 있겠지만, 대중화되어 현실에서 우리의 삶을 바꾸기에는 갈 길이 멀어 보인다. 사진은 보스턴 과학박물관의 2005년 스타워즈 전시회에 전시되었던 브레인게이트의 플러그 인터페이스다. (출처: https://en.wikipedia.org/wiki/File:BrainGate.jpg)

게 "다시 걸을 수 있기를 바라시나요?"라고 물었더니 "아뇨, 저 혼자 코를 긁을 수 있으면 좋겠어요"4라고 했다고 한다. 사지마비뿐만 아니라 신체적 어려움을 겪는 사람들이 한결같이 호소하는 것은 다른 사람의 도움 없이 독립적으로 살 수 있는 삶이다. 가족들과 돌봐 주는 사람의 도움 없이는 생리적인 문제를 해결할 수도 없고, 자세를 아주 조금 바꾸는 일마저도 불가능하니 매분, 매시간, 매일, 그렇게 평생을 의존적으로 살아야 하는 사람에게 사소한 것들을 혼자 할 수 있게 되는 일은 인간으로서의 존엄성을 회복하는 삶을 뜻한다.

이번 '뉴럴링크Neuralink'의 임상 실험은 1024개의 채널을 가진 전극 스레드[5]를 뇌의 뉴런 주변에 심는 시술이었다. 아무리 숙련의라고 해도 완벽한 사람은 없다. 언제나 실수를 할 수 있다면, 이런 정교한 수술의 위험은 높을 수밖에 없을 것이다. 그런데 이 경우는 사람이 아닌 로봇이 시술한다.[6] 시술이라는 표현을 쓰는 이유는 수술 시간이 30분이면 충분하고, 다음 날 바로 퇴원할 정도로 비교적 간단한 과정이기 때문이다. 뇌의 해당 영역에서 고대역폭high bandwith[7]으로 신경 활동을 기록할 수 있는, 머리카락보다도 훨씬 가늘고 유연한 전극 스레드를 삽입하여 1000여 개의 채널을 통해 데이터를 수집한다. 척추가 손상되어 사지마비가 되었거나, 앞을 볼 수 없거나,[8] 치매에 걸렸거나, 더 나아가 불면증에 시달리는 사람들까지 고칠 수 있다. 조금 멀리 가서 지능을 더 높이는 일도 기술적으로는 가능해졌다. 일단은 기술적으로 그렇다는 것이다.

뉴럴링크의 첫 임상 실험에 참여한 '놀런드 아바우Noland Arbaugh'[9]는 8년 전 다이빙 사고로 척추 신경이 마비되었고, 그때부터 목 아래는 전혀 움직일 수 없는 상태로 살아가게 되었다. 시술 후 그는 다시 이런 삶을 살 수 있게 될지 상상하지 못했다고 떨리는 목소리로 증언했다. 혼자서 얼마나 자유롭게 게임을 즐기게 되었는지도 영상에서 보여주었지만, 무엇보다 피시술자로 역사적 이벤트에 참여하여 사회적으로 다시기여할 수 있게 된 사실이 믿기지 않는다고 했다. 감사하다는말이 끝없이 쏟아졌다. 보는 나도 같이 울었다.

진화의 끝은 어디인가?

이미 사이보그다

안경을 쓰고도 안경을 찾기도 하고, 손에 휴대폰을 쥐고도휴대폰을 찾는 웃지 못할 일이 종종 일어난다. 너무 익숙해서그럴 것이다. 우리는 끊임없이 우리가 가진 물리적(신체적) 제약과 한계를 벗어나고자 보조적인 장치들을 만들어 왔다. 두발로 뛰다가 달리는 말을 타게 되었고, 그것은 바퀴 달린 마차가 되고 내연기관차가 되었다. 매클루언은 미디어를 인간신체의 확장으로 보았다.[10] 한 달이고 일 년이고 편지가 오기를 기다리지 않고도, 글을 써서 전하지 않아도 멀리 있는 사람과 바로 소통할 수 있는 전화가 발명되었고, 한자리에 모이지 않고 각자의 집에 있어도 메시지를 한 번에 전할 수 있는전기 미디어가 거실로 들어왔다.

그로부터 50년 후 진정한 사이보그가 된 우리는 손에서휴대폰을 놓지 못한다. 말하고, 쓰고, 구경하고, 놀고, 듣고,

배우고, 사고, 팔고, 고백한다. 운동할 때도 심박수를 읽는 도구로 사용한다. 더 이상 기억하지 않고 기록하지 않고 생각하지 않는데, 쉴 시간도 없다. 지속적인 생산과 소비의 연속, 그 과정이 우리의 오늘을, 관계를 만들고 있다. 몸의 확장으로서의 미디어라는 문제는 간단하지 않다. 관계를 매개하기 때문이다. 관계를 매개하는 모든 것은 미디어다. 어떤 연결/관계를 만드는지가 각각의 미디어를 구분한다. 연결이 지배하는 세상에서 미디어를 살아 있는 네트워크로 정의할[11] 수밖에 없는 이유다.

습관을 만들고 생활이 되는 미디어는 기존의 사회관계를 완전히 재편한다. 코로나 이후 원격 근무와 회의가 당연해진 것은 팬데믹이라는 사건 때문이 아니라 '줌'이라는 미디어가 매개하는 관계, 그로 인한 경험 때문이다. 한 시간 회의하자고 더 이상 먼 거리를 이동하는 불편함이 없어졌다. 카페든 어디든 접속만 할 수 있다면 사무실이 되니 커뮤니케이션 공간은 확장되고, 물리적 공간은 집처럼 익숙한 장소로 오히려 축소되었다. 관계도 달라졌다. 동료의 범위는 회사에서 매일 만나는 사람들보다 넓어지고 협업도 쉬워졌다. 공간이 일과 삶의 경계를 만들지 않는 것처럼, 자유와 구속은 불가분의 관계가 되었다.

인터페이스가 사라졌다

이때 미디어에서 우리의 행동을 유발하는 실체가 곧 인터페이스다. 미디어의 세 가지 구성 요소[12]에서 컨테이너에 해당한다.[13] 여기서 실체란 눈에 보이고 손에 잡히는 물리적·시각적 장치뿐만 아니라 소리·촉각 등의 모든 감각적sensorial 대상, 즉 상호작용을 일으키는 모든 기호sign를 포괄한다.* 물리적 장치는 이해하기가 쉽다. 기관이나 기업의 대형 컴퓨터가 개인이 소유할 수 있는 PC가 되고, 가방에 넣고 다닐 수 있는 노트북이 되고, 손에 쥐고 팔에 차고 어디든 다닐 수 있는 인터페이스가 될 때 우리의 행동이 얼마나 달라지는지 모두 알고 있다.

각각의 인터페이스와 내가 소통하는 방식은 다시 나와 세상을 매개한다. 내 몸의 일부가 된 스마트폰은 세상과 나의 관계를 바꾸고, 사회가 존재하는 방식을 바꾸고, 그래서 우리가 존재하는 방식을 바꿔 놓았다. 직접 만나고 통화를 하는 것만큼 부담스러운 일이 없다. 긴 글을 읽거나 심지어 일기를 쓰는 일, 한 가지에 오래 집중하는 일은 굉장히 어려워졌다.

---

* 《오가닉 마케팅》에서는 다음과 같이 정의했다. "인터페이스란 서로 다른 개체들이 커뮤니케이션(상호작용)할 수 있도록 연결하는 장치, 방법, 형식, 공간으로 기호의 형식과 속성을 기반으로 둔다. 여기서 기호란 시각적 상징뿐만 아니라 소리, 촉각 등 모든 감각적 대상을 포괄하는 것이다."

이에 따라 우리 몸도 기형이 되었다. 지하철을 타든, 길을 걷든 하루종일 목을 떨구고 손에 들린 스마트폰을 보느라 인류는 '거북목'으로 진화했다.[14] 앞으로 어떤 종의 진화 또는 퇴화가 정형학적으로 더 만들어질지 기대된다.

그런데 상호작용할 대상, 즉 물리적 인터페이스 자체가 사라지면 문제의 차원은 달라진다. 내 마음^mind과 생각이 인터페이스를 온전히 대신하게 되는 경우다. 뇌에 칩을 심기는 했지만 칩이 있다는 사실을 거의 느끼지 못하는 수준이니, 그렇다면 남은 것은 내 생각뿐이다. 인터페이스는 사라지고, 변화무쌍하고 실시간으로 흐르는 전기 자극처럼 언제나 활동 중인 내 생각이 그 자리를 대신하게 된 것이다. 움직이고, 이동하고, 말하고, 글로 쓰고, 표현하지 않아도 나의 생각이 나를 세상과 직접 연결시킨다. 껍데기 없이, 굴절도 여과도 왜곡도 변형도 없이, 나와 다른 사람, 개체, 사물, 환경과의 직접적인 관계만을 남겨 놓는다.

언어도 필요 없는 단계, 어떤 보조적 수단도 없이 생각만으로 의사소통을 할 수 있는 단계, 공상과학에서나 등장하는 텔레파시^telepathy ●●가 현실이 된 것이다. 그리스어로 '멀리 떨어진' 거리 'tête'와 감정을 뜻하는 'pathos'가 결합된 텔레파

●● 놀런드 아바우가 이식받은 뉴럴링크 칩의 제품명이기도 하다.

시는 언어로 설명이 불가능했던 나의 감정, 마음, 생각의 영역을 메시지로, 실시간으로 전할 수 있게 되었다. 실제로는 내 뇌파가 칩을 통해 기록되고 상대방의 뇌파에 그의 칩을 통해 전해질 것이다. 스마트폰처럼 인터페이스가 있지만 인지하지 못하는 것과 생각과 생각이 물리적으로 직접 연결되는 것은 완전히 다른 의미를 낳는다.

서로의 몸이 되다

놀런드는 처음에는 마치 손을 쓰는 것처럼 커서를 움직이려고 했다고 한다. 마우스를 손으로 잡고 이동시키는 생각을 하는 것이다. 그런데 생각과 의도를 구분하는 훈련을 하는 중에 그럴 필요조차 없다는 것을 알게 되었다. 손을 움직이는 단계 없이 바로 생각이 컴퓨터에, 게임에 반영된다는 것을 알았기 때문이다. 그러니까 내가 공을 차는데, 내 발이 차는 것이 아니라 생각만으로 공이 차지는 경험인 것이다. 이 예시는 장애의 극복에 국한된 문제가 아니다. 뇌가 컴퓨터와 인터페이스 없이(즉 생각이 인터페이스로서) 직접 연결됨에 따라 손을 움직이는 것보다 훨씬 더 빠르게 컴퓨터와 소통할 수 있게 되는 것, 컴퓨터로 매개된 상대방과 더 직접적으로, 더 빠르게 생각만으로 연결되는 경험이 현실적으로 가능해졌다는 뜻이다. 연산 속도는 더욱 빨라질 것이고, 커뮤니케이션 대상의 범위는 무한히 넓어질 것이다.

그럼 생각만으로 서로 연결된다는 것은 어떤 의미가 될까? 서로의 생각을 단숨에 읽어 버리는 불편한 일이 벌어진다면, 우리는 더 많이 이해하게 될까? 아니면, 더 많이 분노하게 될까? 겉과 속이 다른 거짓말이 사라지게 될까? 신체적 고통이 뇌의 자극에 의한 것이라면, 이제 분만의 고통을 남자들도 알게 되는 것일까? 공감이 대상의 상태를 나의 것으로 내면화할 수 있는 능력[15]이라면, 공감 능력은 차원이 달라질 것이다. 세상의 변화를 주도해 온 직관과 창조의 활동은 개인에 머물지 않고 물리적으로 연결되고 결합될 것이다. 역사는 기록의 차원을 박차고 나와 실시간성과 공존할 것이다.

10년 전 《오가닉 미디어》에서 나는 우리를 살아 있는 미디어로 정의하면서 시간과 공간의 제약 없이 온전히 하나의 유기체로 존재하게 되었다고 했다. 그런데 이제는 인식의 전환 차원이 아니라, 물리적으로 현실이 되었다. 개념적으로 초개체가 되는 것이 아니라, 서로가 하나로 연결된 생명체로서 진화하는 존재적 확장을 몸으로 경험하게 되었다. 인간의 확장은 나 한 사람의 지능이, 신체적 능력이 향상되는 차원이 아니다. 하나의 생명체로 연결된 관계, 세포와 내 몸이 분리되지 않듯이 초개체로서 서로 분리되지 않는, 몸의 일부가 됨으로써 전체가 되는 확장이다. 개별적이고 폐쇄된 존재로부터 한 몸으로의 진화, 하나의 연결된 생명체로서 오직 관계로 정의되는, 매순간 끊임없이 변화하고 소통하고 움직이는 네트워크가 되었다. 서로의 생명이 되어 주는 관계, 곧 존재의 확장이다.

피할 수 없는 질문

몸의 부분들 중에 중요하지 않거나 필요하지 않은 한 가지가 도대체 없다. 눈이 훨씬 중요하다고 해도 발가락 하나만 다쳐도 제대로 걸을 수 없고, 코털 하나도 제 기능을 한다. 장기들은 어떻고 피부, 머리카락, 혈관은 또 어떠한가. 독립적으로 존재하지만 서로의 생명이 되어 주는 역할로서 항상 연결된 상태, 소통의 상태에 있다. 전체가 하나다. 한 몸, 한 신체의 일부로서 나는 이제 무엇이 될 것인가? 무엇을, 왜 연결하는 주체로 살아갈 것인가?

기술의 위협을 느끼는 도처에서 인간 존재에 대한 질문이 쏟아진다. 우리가 사이보그가 되는 동안 존재적 퇴화가 급속도로 진행되고 있었다는 것을 뒤늦게 깨달았기 때문이다. 그런데 온전한 질문도, 답도 없다. 절박하지 않은 것인지, 질문은 책이든 방송이든 구색을 맞춘 뻔한 후렴으로 끝이 난다. 당연히 답도 구할 수 없다. 행위로 이어지지 않으면 답이 아닌 것처럼, 본질적인 문제를 내 힘으로 정의하지 않는 한 답

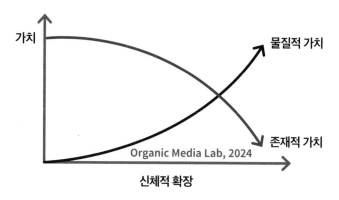

인간의 확장
Extension of Human

가치

물질적 가치

존재적 가치

Organic Media Lab, 2024

신체적 확장

미디어의 진화는 우리의 신체 능력을 확장하고 주어진 환경과 조건을 극복할 수 있게 해주었다. 인류의 문명은 물질적 가치를 기하급수적으로 증가시켰지만, 그 결과 인간의 존재적 가치는 소외되고 퇴화되었다.

을 다른 데서 찾을 길은 없을 것이다.

어차피 각종 알림에 빼앗길 시간도 부족하다.[16] 자극적인 콘텐츠의 토끼굴에서 겨우 빠져나와 수면을 취하는 데에도 매일 밤 용기가 필요하다. 오래 읽고 깊게 사고하고 본질을 질문하는 근육을 단련시킬 시간도, 명분도 없으니(시험에 나오지도 않고, 전문가로 인정받는 데 도움이 되지도 않는다) 그렇게 할 수 있게 서로 도울 힘도, 이유도, 여유도 없다. 그런데 문제는 미래에 있지 않고 지금 여기에 있다. 이미 각종 정신적 고통과 소외, 불안, 공황장애, 스트레스가 사회적 위기의 증후군이 되었다. 젊고 날씬하고 근육질의 건강한 몸은 모두의 최대 관심사가 되었지만, 존재적 퇴화가 가져온 정신적 질환 상태는 서로 알아차리지 못한다.

초인종이 나와 방문자를 연결하고 우리집 대문이 나와 이웃을 연결하는 것처럼, 인터페이스의 핵심은 행위에, 행위가 만드는 '관계'에 있다. 신체적 성능의 진화는 생각이 연결되는 극단적 구조에 도달했지만, 연결되었다고 해서 저절로 존재적인 진화가 만들어지는 것은 아니다. 모든 것이 모든 것과 연결되고 하나의 생명체로 서로를 인식하게 된 때에, 나는 어떤 연결을 만드는 행위자^{actor}가 될 것인가? 우리의 존재를 결정해 줄 질문이다. 거추장스러운 것들을 다 떼어 내고 내 생각이 세상을 연결하는 인터페이스로 동작할 때, 나는 어떤 연결을 만드는 무엇으로 스스로를 정의할 것인가?

진화인가 소멸인가

단백질 덩어리에 생명을 부여하는 것은 관계다. 무엇 때문에 소통하고 무엇 때문에 일하고 무엇 때문에 존재할 것인가? 생명체는 끊임없는 정보의 교환, 커뮤니케이션을 통해서만 생명을 유지하고 진화한다. 그런 의미에서 생명체는 연결을(이) 만드는 살아 있는 네트워크의 형태로 나타난다. 우리에게 흔하고 익숙한 네트워크라는 개념이 의학에서 출발했다[17]는 것은 우연이 아닐 것이다. 네트워크가 있고 내가 있는 것이 아니라, 내가 없이 네트워크는 존재하지 않는다.

서로의 몸으로 자신을 인지하게 될 때 각자의 역할은, 오늘 내 시간을 할애하는 가치는, 일하는 이유는 좀 달라진다. 놀런드는 시술이 있기까지 참여한 모든 연구진과 의료진, 개발자들 앞에서 반갑게 인사하며 "제가 이제 여러분보다 지능이 훨씬 높은 거 아시죠?"하며 활짝 웃었다. 농담을 던졌지만, 우리는 그 말이 왜 그렇게 재미있고 기뻤을까. 우리는 본래 연결되었던 하나의 몸이었을까. 우리가 마주한 대상이 경쟁하고 무시하고 이용하고 외면할 대상이 아니라 나와 하나라는 것이, 그런데 새롭지 않다. 오랜 시간 퇴화되어 온 우리의 본래 모습이기 때문일 것이다. 서로의 기쁨과 슬픔에 반응하고 그것을 내 것으로 만들 수 있는 능력, 내 존재가 전체를 살아 있게 만드는 위대한 경험, 놀런드의 상기된 목소리에, 그 모습을 보고 감격하는 우리 모두 안에, 본래 가지고 있던 것이다.

살아 있는 네트워크와 분리되지 않는 네트워크 자체, 부분으로서 인간은 서로의 몸이 되었다. 서로가 서로의 멤버라면, 서로 돕는 선순환을 통해서만 우리는 살 수 있다. 지금 진행 중인 우리의 존재적 퇴화를 멈출 수 있다. 서로를 살아 있게 만드는 동력, 서로의 생명이 되는 방법이다. 하나의 생명체로서 진화할 것인지 소멸할 것인지, 오직 내 질문에서 시작된, 내가 만드는 연결의 실체가 결정할 것이다.

이 책을 거의 마무리할 시간이 오고 있다. 앞선 글들에서 가면 속 우리가 만든 관계에 대해, 돈의 원리에 대해, 존재적 빈곤 상태의 우리 자신에 대해, 끊을 수 없는 악순환의 고리에 대해, 그래서 각자의 '왜', 보석처럼 발견되기를 기다리는 각자의 '왜', 서로의 자유를 찾아 줄 질문에 대해, 우리가 함께 창조할 시간에 대해 털어놓았다. 그리고 먼지처럼 작고 약한 나 한 사람의 '왜'와 인류의 '왜'가 사실은 하나로 연결되어 있다는 발견까지 이제 함께 왔다.

매클루언이 살아 돌아올 이 사건은 우리가 곧 역사적 기로에 서게 되었다고 말해 주고 있다. 이 기술적 진화가 인간의 존재에 대해 피할 수 없는 질문을 던졌다. 그동안 문명이라는 이름으로 개발되고 함께 살아온 인터페이스를 온전히 제거함으로써 우리는 서로와 처음으로 직접 연결될 수 있는, 비로소 만날 수 있는, 생각을 만질 수 있는 기회를 갖게 되었기 때문이다. 존재의 퇴화를 앓고 있는 우리는 여기서 이제 어디로 갈 것인가. 소멸로 가게 될, 또는 진화를 낳게 될 갈림길에 놓여 있다.

잃어버린 능력을 되돌려 비로소 하나가 되는 연습, 나 한 사람이 만들어 낼 모멘텀이 여기 있다. 우리는 어디로, 누구와, 왜, 갈 것인가? 텔레파시가 가능해진 인류의 문명적 진화가 우리에게 던진 질문이다. 남겨 둔 마지막 글에서는 그럼 어떻게 한 사람이, 서로의 몸으로서 생명을 살리는 역할을 할 것인지, '조직 없는 조직화'를 살펴본다. 우리는 마더 테레사도, 간디도 아니다. 한 몸이 되겠다고 목표를 정하고 자신을 희생하는 방식으로는 불가능하다. 생각도 하지 말자. 다만 각자에게 '왜'가 있다면, 그 '왜'를 발견했다면, 나 한 사람의 변화로부터 어떻게 세상의 변화가 시작되는지, 그 새로운 세상을 보게 될 것이다.

16 인간의 운명: 거짓말 때문이다
It's All Because of Lies

아주 옛날 두 종족이 살았다. H족은 거짓말 하는 능력을 갖고 태어났고, T족에게는 그 능력이 없었다. H족과 T족이 붙으면 언제나 H족의 승리였다. 백전백승이었다. T족이 아무리 멋진 무기를 발명해도 매번 거짓말 같은 강력한 무기를 따라갈 수는 없었다. 적을 알지 못하고 이대로 계속 간다면, T족의 멸망은 머지않은 것처럼 보였다. T족은 H족의 거짓말을 연구하기 시작했다. 그리고 다행히 세대를 거듭하며 T족의 아이들은 거짓말이 무엇인지 책으로 배울 수 있게 되었다.

물론 배운다고 거짓말을 구사할 수 있게 되는 것은 아니었다. 거짓말은 몸으로, 본능적으로 할 수 있는 DNA를 갖고 태어나야만 할 수 있기 때문이다. 거짓말은 H족의 몸과 결합해서 하나가 되는 방식으로 동작했다. 그러니까 칼이나 방패처

럼 내 몸의 보조적인 수단으로 사용하는 도구가 아니라, 몸
과 하나였다. T족의 아이들은 그 무기를 사용할 수는 없어도
자라면서 거짓말이 어떻게 동작하고 어떤 결과를 가져오는
지, 그 능력의 실체를 배울 수 있게 되었다. 그리고 스스로 만
들어 낸 '지도'의 힘으로 거짓말에 대응하고 이길 수 있는 방
법도 찾아내기에 이르렀다. 다만 실행에 옮기려면 마을 전체,
T족 전체의 이해와 힘이 필요했다. 아이들은 과연 자신의 종
족을 구할 수 있게 될 것인가.

거짓말 원정대

H족은 휴먼^{Human}, 인간이다. T족은 투명한 종족^{The Transparents}
으로, 설정이다. 우리는 모두 거짓말을 할 줄 안다. 아주 사소
한 일상의 대화부터 태도나 변명에도 거짓말이 있지만, 인류
의 목숨을 담보한 범죄 수준의 왜곡과 세뇌(6장 참고), 전쟁까
지 세상은 거짓말이 움직인다. 지금부터 T족의 아이들이 만
든 지도를 통해 거짓말의 실체를 찾아볼 것이다. 거짓말은
세상에 여러 전염병을 만들었다. 증상은 관계에서 드러난다.
'혐오'와 같은 작품이 만들어지고 독하게 움직인다.

　방법을 찾는다고 갑자기 거짓말 없는 세상이 오는 것은 아
니다. 우리는 안타깝게도 평생 거짓말과 함께 살아갈 수밖에

없을 것이다. 그러나 시스템이 만드는 거짓말이, 왜곡의 실체가 투명하게 드러나게 할 수 있는 힘을 우리는 이미 갖고 있다. 모두가 연결된 미디어가 된 시대에, 우리가 함께 만들어야 할 '지도'가 그것이다. 다만 조직 없는 조직화가 필요하다. 현실에서 T족은 존재하지 않는다. 적이 밖에 있지 않고 우리 안에, 내 안에 있는 것처럼, 소멸시킬 수 있는 힘도 우리 안에, 내 안에 있다. 지금부터 만나러 간다.

거짓말이 살아 있어요

T족이 발견해 낸 충격적인 사실은 거짓말이 단순한 무기가 아니라 살아 있는 괴물이라는 것이었다. 처음부터 거대한 괴물로 H족과 함께 살고 있던 것이 아니라 H족 사람들이 태어날 때마다 유전자 형태로 함께 태어났다. 언제든지 몸집과 능력을 키울 수 있는 잠재적인 상태로 있다가 기회가 주어지면 숨을 쉴 수 있는 세상 밖으로 나왔다. 세상을 경험할 때마다 몸집은 조금씩 자라고 힘도 세졌다. 사람들은 거짓말 외에도 원래 많은 능력을 갖고 태어났다. 하지만 거짓말과 결합하지 못하는 성질의 능력들은 시간이 갈수록 힘을 잃거나 사라져 버렸다. 그 대신 거짓말과 잘 어울리는 본능들은 서로 도우면서 함께 자라났다.

하지만 더 놀라운 사실이 있다. 이 괴물과 H족 사람들의 관계였다. 거짓말은 H족의 다른 능력(본능)을 먹고 점점 커지다가 나중에는 H족 사람들을 지배하게 되었다. 사람들을 노예로 부리고 조종하고 있었지만, H족 사람들은 그 사실을 알지 못했다. 적을 물리치고 자신을 보호해 주는 능력이라고만 생각했다. 그도 그럴 것이 거짓말은 중요한 대결에서 언제나 H족 사람들이 승리할 수 있도록 열심히 돕는 일에 만족하는 것처럼 보였다. 사람들은 자신이 지배받고 있다는 사실을 눈치채지 못했다. 그 대신 오히려 거짓말을 더 키우는 데 몰두했다.

그들은 기술을 연마했다. 단순히 무기를 잘 다루기 위해 연습을 하는 정도가 아니었다. 거짓말 기술을 정교하게 만들어 주는 장치를 개발했다. 오랜 역사를 통해 발명한 것들 중 최고였다. 이 장치 하나로 거짓말은 능력을 더 잘 쓸 수 있는 방법들을 습득했고, 훈련은 언제나 실전에서 이뤄졌다. 거짓말을 사용할 때 처음에는 서툴지만 나중에는 대범해져서 거짓말을 사용하고 있는지 구분조차 어려웠다. 몸으로 체득하면서 자라났다. T족 아이들은 한 명씩 거짓말의 길을 따라 뒤를 밟으며 매일 지도를 그리는 방식으로 비밀스러운 장치에 접근하는 데 성공했다. 언뜻 보기에는 상자였다. 지도 밖에서는 보이지 않지만, 오직 아이들이 그린 지도에서만 보이는 거대한 장치, 거짓말이 만들어지고 자라나는 실체가 거기 있었다.

거짓말의 판도라 상자

그 상자 안에는 사실^{fact}과 진실^{truth}을 왜곡하여 적이 다른 것을 믿도록 만드는 몇 가지 스킬 세트가 들어 있었다. 외부 종족과의 전쟁뿐만 아니라 자신들의 가족, 이웃 등 모든 관계에서 손쉽게 사용할 수 있는 스킬이었다. 한마디로 자신의 이익을 위해 대상이 쉽게 희생되도록 만드는 기술이었다. 스스로를 두려움으로부터 지켜 주거나 더 대단하게 느낄 수 있도록 도와주기도 했다. 뿌리에서는 우월감과 열등감이 발견되었다. 거짓말 기술이 필요한 근원이 거기 있었다. H족 사람들이 성장하는 동안 체험과 교육을 통해 은밀하게 자라난 거짓말의 생명수 같은 것이었다. 우월감과 열등감은 거짓말과 결합될수록 더 커졌다.

거짓말의 판도라 상자는 세 단계로 동작했다. 첫 번째는 사실 단계, 진실 그대로의 단계다. 겉과 속이 같은 본래 모습 그대로는 T족의 아이들이 이미 잘 알고 있다. 두 번째는 거짓말을 사용하는 사람의 '의도^{intention}'가 개입하는 단계다. 우월감과 열등감은 돈과 권력과 명예 욕구와 결합해서 의도가 되고 거짓말의 방향을 정했다. 권력 또는 힘의 욕구는 단순 대화의 주도권에서도 나타났다. 명예 욕구는 남들이 '알아 줄수록' 더 목말라했다. 남보다 우월해지고 싶은 마음과 남보다 열등한 자신을 감추고 싶은 마음은 끊어지지 않았다. 세 번

거짓말의 판도라 상자

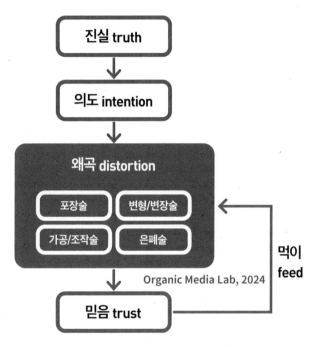

거짓말은 상대의 믿음을 먹고 자란다. 진실의 단계는 더 많은 돈, 명예, 권력을 얻으려는 의도가 개입됨에 따라 왜곡의 단계를 거친다. 포장되고, 변형되고, 조작되고, 은폐되어 진실보다 더 진실 같은 거짓으로 태어난다. 왜곡된 진실에 대한 믿음은 거짓말이 더 빠르게, 더 넓게 영역을 확장하도록 돕는다. 거짓말의 굴레다.

째 단계는 그 결과로 만들어진 적(상대방)의 믿음이었다. 겉과 속이 다른 형태, 거짓말에 속는 사람들이 많으면 많아질수록 거짓말의 힘은 더 커졌다. 거짓말은 상대방의 믿음을 이용하여 스스로 만들어 낸 결과물을 먹고 더 자라났다.

거짓말은 공포심을 유발하거나 달콤하게 유혹했다. 자신의 의도에 맞게 상대방이 행동할 수 있도록 조종하는 것이 최종 목표였다. 이런 성공적인 결과물을 위해서는 몇 가지 기술이 필요했는데, 첫째는 포장술이다. 하나를 가졌어도 10개라고, 포장하고 과장하고 부풀려서 적이 그대로 믿게 만드는 기술이다. 너무 과대 포장을 하면 의심을 받을 수도 있으니 아주 조금만 포장하고 과장하는 형식으로 자신을 보호하고 상대방의 믿음을 이용한다. 그럴듯하게 포장을 해두면 실제와 좀처럼 구분하기가 어렵다.

둘째, 변형/변장술이다. 자신에게 유리하게 살짝 변형시켜서 원래 그런 모양이었다고 주장하는 것이다. 예컨대 흰색 머그잔이 그 장치에 들어가면 블랙으로 둔갑해서 나오게 되고, 판도라의 상자의 존재 자체를 모르는 상대방은 원래 그 머그잔이 블랙인 것으로 알게 된다. 때때로 '가면'이라는 이름으로 실전에서 사용되었고(3장 참고), '~ 하는 척', '~ 아닌 척' 잘하기 위해 기술을 연마했다. 정치가, 기업가, 종교인들 중에는 정의와 선함으로 겉면을 변장하고 속면의 욕구와 위선이

264

드러나지 않도록 기술을 잘 사용하는 사람이 많았다.

셋째, 가공/조작술이다. 사실과 진실이 있는 그대로 드러나지 않도록 다른 것과 섞거나 뿌옇게 만들거나 위조하는 방식으로 사용된다. H족 사람들은 '물타기'라는 표현을 쓰기도 했다. 혹시라도 정보가 조작되었다고 드러날 위기에 처하면 적이 의심하지 않도록 적이 정보를 받는 입구에 확성기(미디어)를 배치하여 절대 믿어야 한다고, 다른 진실은 없다고 주장할 수 있도록 했다. 할 수만 있다면 이런 확성기를 통제했다. 돈과 권력을 이용하여 사실과 진실이 알려질 수 없도록 조치를 취하고, 통제를 받는 곳들은 협조했다. 예를 들어 미디어와 학계에 대한 담배회사의 강력한 영향력으로(6장 참고) 오랫동안 담배는 몸에 해롭지 않은 식품이었다.[1]

넷째, 은폐술이다. 원래부터 없었다고 숨기는 것이다. 적에게 드러나서는 안 되는 사실과 진실이 비밀로 간직될 수 있도록 증거를 없애거나, 불가피하게 상자 밖으로 노출된 증거가 더 퍼지지 않도록 막기 위해 다양한 방법을 사용한다.[2] 관련된 사람들을 돈으로 사기도 했지만, 이미 왜곡된 정보를 믿는 사람들은 의심하지 않는 것만으로도 충분히 협조하고 있었다. 판도라 상자 안에 묻혀 있는 비밀의 무덤은 거대했다. H족의 모든 시스템이 이 무덤 위에 세워져 있었다. 네 개의 거짓말 기술은 독립적이지 않고 서로 보완적이었다. 모두 사실의 왜곡을 통한 대상의 조종^{manipulation}이 목표였다.

진실의 지도가 발견한 '실체'

T족 아이들의 지도는 끝없이 새로운 것을 발견해 냈다. 상자 안에는 구출해야 할 실체들이 정말 많았다. 거기에는 거짓말이 어떻게 H족의 인류 시스템을 만들고 왜곡하고 또한 이용하며 종족을 지배하고 있는지를 보여주는 선명한 증거들이 있었다. 원래 그들의 시스템은 서로 더 안전하고 행복하게 살기 위한 법과 제도이자 질서였다. 그러나 이 시스템마저 거짓말의 지배 도구로 이용되고 있었다. 사람들은 판도라 상자 안에서 무슨 일이 일어나는지 알 수 없어도 마케팅과 프로파간다 속에서 정치적으로는 투표를 해야 했고, 경제적으로는 소비 결정을 해야 했다. 투표하고 구매하고 서로 권하는 방식으로, 어떤 뉴스든 믿는 방식으로, 거짓말이 더 커지도록 돕고 있었다.

자유·평등·관용과 같은 가치가 '진실'이라면, 거짓말의 판도라 상자에 들어간 후에는 지배의 수단으로 변형되어 나왔다. 교육 시스템은 변형된 가치를 세뇌시키는 수단으로 사용되었다. 지배 시스템이 붕괴되지 않도록, 틀 안에서만 사고하도록 교육했다. 세뇌가 된다는 것은 은폐, 조작, 변형 등의 왜곡이 잘 동작한다는 증거였다. 교육을 받고 사회로 나온 사람들은 가치를 만들기 위해 평생을 바쳤는데, 그 가치는 돈과 명예, 권력의 쟁취가 목표인 사람들의 기업 활동을 통해 다시 한번 왜곡되었다. 물질적인 가치가 세상을 지배하게 되자, 사람들이 협력하는 방법은 서로를 이용하는 방법으로 변형되었다. 거짓말의 진정한 승리였다.

거짓말의 판도라 상자에서 발견된 실체(시체)들을 보면 H족은 서로가 서로를 속이는 방식으로 점점 더 황폐하게 병들어 가고 있었다. 어느 영역이라고 따질 것도 없이 거짓말이 만든 관계와 왜곡되고 뒤틀린 현실은 놀라웠다. 아이들은 지도를 따라가다가 거짓말의 지배 원리를 적나라하고 광범위하게 보여주는 현상을 여럿 목격하게 되었다. 그중 하나는 H족 전체를 위협하고 있는 거대한 결과물, '혐오'였다. 혐오는 전체에 퍼져 있었다. H족만의 문제가 아니었다. 더 나아가 다른 모든 종족의 멸망마저 초래할 수 있는 거대한 팬데믹이었다. 어서 마을로 돌아가 이 사실을 알려야 했다.

거짓말이 가진 천의 얼굴, 혐오

아이들은 자신들이 본 것을 급히 전하며 도움을 요청했다. 거짓말이 만든 위대한 결과물인 혐오는 H족의 역사를 대변하는 심장과 같은 것이었다. 혐오는 상대에 대한 강한 반감으로서 분노·증오·불쾌감[3] 등으로 나타났으며, 개인보다 집단과 집단을 대립시키는 방식으로 H족을 다스려 왔다. 종교전쟁, 세계대전 등 모두 자신이 우월하다는 것을 입증하기 위한 전쟁이었다. 피를 흘려 줄 사람들의 공감과 참여가 필요했고, 적이 누구든 어떤 전쟁이든 관계없이 거짓말은 언제나 승리했다. H족의 역사는 거짓말이 만든 역사였다.

제2차 세계대전도 그중 하나였다. 독일의 모든 사회문제의 원인이 유대인이라는 메시지가 만들어졌고, 유대인 말살만이 독일을 구할 수 있다는 프로파간다가 전체를 전염시켰다. 지배 시스템이 공포심을 이용해 만든 거짓말이라는 것을 나중에 알게 되었지만, 혐오가 사라지지는 않았다. 오히려 복잡하게 변신하며 H족을 집어삼킬 듯이 커지고 있었다. 지금도 자기들끼리 전쟁을 겪고 있고, 혐오는 갈수록 더 기형적으로 변한다. 자기가 속한 집단이 우월하다는 인식에서 오는 혐오의 피해자는 본래 사회 소수집단이었다. 예컨대 소수민족, 여성, 흑인, 성 소수자, 장애인, 외국인 노동자들이다. 그런데 혐오는 이제 양방향이 되었고, 집단의 대립은 도처에서 터졌다.

어느 곳이나 같은 양상이었지만 H족 전체에 가장 큰 영향을 미치는 미국이라는 영토에서 벌어지는 일은 가장 놀라웠다. 정치적 조작과 문화적 왜곡, 정보의 편향과 단절 등 거짓말이 만들어지는 기술을 통해 '억압을 하는 사람oppressor'과 '억압을 받는 사람oppressed'의 대립 구조가 사회관계의 프레임이 되었다. 억압을 당했다고 생각하는 사람들은 '억압을 당한' 것 자체를 정체성으로 인식했다. 그 외의 나머지가 모두 억압을 하는 사람들, 즉 혐오를 돌려받아야 할 대상이 되었다. 정치권도 이들이 옳다며 여기 합류했다. 오직 지배 구조를 위해 이익이 될 만한 모든 것은 그것이 혐오와 같은 인지적 편향에서 온 것이든, 종족 전체를 분열시키는 것이든 상관이 없었다. 혐오는 피라미드의 먹잇감이었다.

원래 차별을 없애기 위해 만든 법이었는데 이제는 억압하던 집단을 '차별'하는 것도, 심지어 혐오하는 것도, 무력도, 시스템적으로 정당화되고 있었다. 예컨대 H족 아이들은 성인이 되기 전에도 부모의 동의 없이 성 전환 수술을 받을 수 있기에 이르렀다.[4] (성전환 수술을 받지 않았어도 남성 호르몬 수치만 만족되면[5]) 남자가 스스로를 트랜스젠더(여자)라고 주장하고 여자 종목에 가서 경쟁도 할 수 있게 되었다. 이 남자들(?)은 당연히 여자들을 제치고 금메달을 따기 시작했다.[6] 성 정체성은 선택하고 '선언'하면 결정된다는 입장을 지나쳐서, 여성과 남성이 생물학적으로도 신체적으로도 다르지 않다는 주장마저 정당화되고 있었다. 정부는 스포츠 규칙도 바꿔 가며 지지했다.[7]

혐오는 거짓말의 가장 강력한 무기로서 미국 전체의 시스템, 곧 H족 전체의 시스템을 움직일 준비를 마친 것 같았다.

라일리 게인스[Riley Gaines][8]는 이런 현상의 피해자로 소송을 제기한[9] 상태였다. 수영 선수인 그녀는 여성 경기에 합법적으로 참여한 남자 선수[10]와 경쟁해서 패했다. 저항을 위해서라면 무력도, 차별도, 심지어 혐오도 정당화될 수 있다고 부추기는 지배 시스템과, 피해자 대 가해자의 대립 구도로 이익을 보는 집단이 모두 가세하며 오히려 더 큰 혐오로 번지고 있었다. 인종차별주의, 트랜스 혐오주의, 이슬람 혐오주의도 진실의 왜곡이 만든 결과물이었지만, 반대로 이에 대한 저항은 다시 거짓말의 조종 아래 새로운 혐오의 세력이 되고 있었다. H족은 T족과의 전쟁에서는 이기고 있었지만, 서로의 거짓말에 서로 당하면서 스스로 죽어 가고 있었다.

진실의 지도의 위력

마을 사람들은 놀라지 않을 수 없었다. 아이들은 어떻게 이 모든 사실을 알아냈을까. 게다가 아이들은 H족 아이들에게도 이 사실을 알려 주었다고 했다. 이것은 종족 간의 전쟁이 아니었다. 이대로 둔다면 혐오와 같은 거짓말의 천의 얼굴이 전체를 집어삼켜서 어느 종족도 남아나지 못할 것이 분명했기 때문이다.

아이들은 차근차근 설명했다. 거짓말은 한 사람 한 사람의 참여를 통해 조직화되고 있었다. H족 사람들은 각자의 공간에 머물면서도 온라인을 통해 모두 연결된 상태였다. 그들이 발명한 인터넷과 스마트폰, 각종 SNS, 최근에는 텔레파시까지 모든 도구를 통해 24시간 접속해 있었다. 거기서 모두가 말을 했다. 모두가 표현하고, 모두가 설득하고, 모두가 전달하고, 모두가 주장했다. 스스로가 미디어였으며, 스스로 알든 모르든 하나로 연결된 살아 있는 미디어로 진화한 상태였다.

어디까지가 편견이고 왜곡이고 위선이고 선동인지 구분할 수 없는 이야기가 끝도 없이 쏟아졌다. 혼돈의 상태였지만 한 가지는 확실했다. 이 모든 것 중에 가짜도 섞여 있는 것이 아니라 모든 것이 진실이 아닐 수 있다는 전제에서 오히려 출발해야 했다. 이 합리적 의심을 가지고 무엇이 참이고 거짓인지, 심지어 정통 미디어라는 라벨을 달고 나오는 뉴스마저 이야기를 듣는 사람이 스스로 판단해 내야만 했다. 거짓은 공기처럼 그들의 삶에 침투해 있었고, 그들은 숨을 쉬는 것만으로도 거짓말을 전염시키는 형국이 되었다. 존재의 위기였다.

아이들은 '왜'를 따라갔다고 했다. 왜 이런 일이 발생하는지, 사실인지 확인하기 위해 H족이 남긴 모든 이야기의 조각들을 접할 때마다 '왜'를 물었다. 한 번에 한 개씩만 따라갔다. 그 말을 하는 사람이 어떤 사람인지, 왜 그런 말을 하는지도 사실 확인을 했다. 거기서 다음 링크를 발견하는 방식으로 레퍼런스의 레퍼런스를 따라가며 아이들은 많은 사람을 만나게 되었다. 처음에는 시간이 많이 걸렸지만, 사람들을 만나고 연결이 많아지면서 갈수록 더 쉬워졌다.

왜곡된 시스템이 어쩌지 못하는 사람들, 각자의 삶의 '왜'를 가진 사람들도 만나게 되었다. 그들은 거짓말이 별로 필요 없었다. 자신이 누구인지 존재를 알게 된다는 것은 우월감이나 열등감으로부터 해방된다는 것을 의미했다. 시스템에 순종하는 것이 삶이라는 사고의 틀을 이미 벗어난 사람들, 자신이 만들고 싶은 가치가 무엇이고, 어떻게 만들 것인지, 그 길을 따라 가는 사람들은 거짓말을 무기로 사용할 필요가 없었다.

통제되고 조작되고 변형되고 은폐된 사실이 가졌던 본래 모습을 목숨을 걸고 폭로하거나 밝히는 사람도 있었다. 그들이 모두 정의의 용사일 필요는 없었다. 자신의 이익을 위해서 밝혔는데, 그것이 사람들을 진실에 더 가깝게 데려가는 결과가 되는 것이었다. 그 과정에서 중요한 것은 투명성이었다. 겉과 속이 얼마나 투명하게 드러나는지, 모두 연결된 링크와 출처를 각자가 직접 확인할 수 있을 때만 가능했다. 목숨을 건 싸움이 아니더라도 그런 사람들을 알아보고 지지하고 응원하는 방식으로 사람들의 참여가 이어졌다.

아이들은 한 사람 한 사람이 알려 주는 이런 길을 따라간

것이다. 이때 진실인지 왜곡인지 알 수 있는 방법은 오직 링크였다. 어디서 온 내용인지 링크를 등대 삼아 지도를 그렸다. 진실의 지도는 이러한 레퍼런스/참고/소스들이 뒤로^{reverse} 연결되고 연결되어 만들어진 연결의 지도다. 지도는 이야기의 겉과 속의 실체가 밝혀질 때마다 조금씩 넓어졌다. 그렇게 상자까지 발견하게 된 것이다. 상자는 육안으로는 보이지 않았다. 오직 연결의 지도만이 상자를 발견할 수 있는 눈을, 꿰뚫어 볼 수 있는 힘을 갖고 있었다.

지도의 위력은 단순히 좌표를 알려주는 데 그치지 않았다. 진실의 지도는 진실에 닿는 순간, 거짓말을 깨뜨려 버릴 수 있는 힘을 갖고 있었다. 연결의 연결을 따라가며 진실이 무엇이었는지 알게 되는 순간, 거짓말은 산산히 부서졌다. 아이들은 거짓말에 맞서 싸울 필요조차 없었다. 비밀이 열리면 사실이 풀려나고 거짓말은 힘없이 쓰러졌다. 하지만 밝혀내고 도달해야 할 진실의 수는 끝도 없이 많았고, 지금도 거짓말은 조직적으로 모든 사람의 참여와 믿음을 통해 쉬지 않고 일하고 있다고 했다. 한두 개의 거짓말이 부서진다고 세상이 단번에 바뀌지 못한다는 것은 분명했다. 아이들은 그래서 마을 사람들의 도움, H족 사람들의 도움마저 필요하다고 했다. 한 사람의 깨어남이 만드는 조직 없는 조직화가 곧 아이들이 그리는, 함께 그려야 할 지도의 모습이었다.

'왜'가 만드는 진실의 지도

안타깝게도 우리는 T족이 아니라 H족이다. 나를 포함한 우리 모두는 거짓말을 사용한다. 포장하고 과장하고 은폐하고 왜곡하면서 자신에게 유리하도록 상황을 변형시키거나 이용한다. 외계인과의 전쟁이 아니라 우리의 모습이다. 우리는 거짓말의 판도라 상자를 오랫동안 열지 못했다. 이 바쁘고 힘든 세상에서 합리적 의심은 배운 적도, 해볼 시간도 없었을 것이다. 그러나 지금 위기와 기회가 함께 와 있다. 거짓말이 지배하는 세상의 실체는 알면 알수록 무력감과 패배감을 주는 거대한 것이지만, 이제는 겉과 속이 투명하게 드러나지 않고 일치하지 않으면 장기적으로는 신뢰를 잃을 수밖에 없는 세상[11]이 되었다. 다만 그 시간을 얼마나 당길 수 있느냐가 문제의 핵심이다.

예컨대 레퍼런스의 네트워크 구조로 동작하는 트위터[12]는 '표현의 자유'라는 존재 이유[13]를 가지고 2022년 말 인수되었고 'X'로 전환되었는데, 그 후 1년 반 동안 이미 많은 일이 일어났다. 정부의 검열[14]도 통하지 않고 모든 것이 투명하게 드러나는 서비스 정책에 따라, 사실이 사람과 함께 드러나고 합리적 의심이 시작되는 근원이 되었다. 위에서 언급한 혐오의 사례는 매우 다양한 집단에서 일어나고 있지만 사실은 전체가 연결된 이슈라는 것을 진실의 지도를 그려 보면 알 수 있다. 내가 누구로부터 어떤 소식을 들을 것인지, 그 소식을 어떻게 이해할 것인지, 진실의 지도를 만드는 과정은 모두에게 필요하다. 누구를 돕기 위해서가 아니라 우리가 살기 위해서, 존재하기 위해서 필요하다.

내가 그리는 진실의 지도는 다른 사람의 지도와 결합하고 협력한다. 나 한 사람은 전체다. 나 한 사람이 없이는, 세상에는 거짓말을 하는 사람과 당하는 사람, 이 둘의 대결 구도만 남게 되어 있다. 거짓말은 지금도 바쁘고 분주하게 조직화되고 있다. 카톡과 같은 비밀스러운 공간에서 모두가 게릴라처럼 미디어로 움직일 수 있도록 쉬지 않고 일한다.

우리는 죽어서 다시 태어나지 않는 한, 거짓말의 DNA를 떼어 낼 수 없을 것이다. 그런데 나는 몸이 죽지 않아도 다시 태어나는 방법이 있음을 알게 되었다. 내가 체험했고, 지금도 목격하고 있다. 바로 우리 안에서 잠자고 있는, 발견되기를 기다리는 각자의 '왜'를 만나는 일이다. 어디서 와서 어디로 가는지, 내가 주목하고 있는 세상의 문제가 무엇인지, 어떤 문제를 해결하며 가치를 만들고 싶은지, 내 삶의 뿌리, 일과 삶이 하나가 되는 마법, 존재의 이유를 알게 되는 '왜'가 우리를 다시 태어날 수 있게 돕는다.

자신의 '왜'를 만난 사람들의 공통점은 더 이상 거짓말이 필요 없어진다는 것이다. 내가 더 잘난 사람으로 포장될 필요도 없어지고, 더 유명하고 더 높고 더 근사한 사람으로, 그래서 우월감으로 살아갈 이유도 없어지고, 남과 늘 비교하며 열등하게 느낄 필요도 없어지기 때문이다. 나도 나의 '왜'를 만나고 지금은 영혼 나이 일곱 살이 되었다. 물론 거짓말의 DNA를 갖고 태어났으니 나도 모르게 거짓된 태도와 생각이 나를 데려갈 때도 있을 것이다. 그러나 삶은 단순하고 가벼워졌다. 일과 삶이 하나가 되어 '단 한 사람의 변화'를 돕는 이 과정이 나를 가장 기쁘고 살아 있게 만들기 때문이다.

세상이 아픈 이유는 거짓말 때문이다. 이 거짓말을 실어 나르고 증폭하는 미디어는 저기 멀리 있지 않다. 나 자신이다. 우리 모두가 미디어가 된 시대에, 모두가 연결된 네트워크의 주체가 된 시대에, 거짓말이 나를 지배하도록 외면하고 믿음으로써 우리는 거짓말이 네트워크로 조직화되도록 돕는 주체가 되었다. '왜'는, 이 네트워크를 진실의 지도를 만드는 네트워크로 변화시킬 수 있는 힘의 원천이다.

지금 우리를 지켜 줄 것은 조직을 넘어선 조직화, '왜'로부터 시작할 진실의 지도다. '왜'가 없다면 시간 많은 사람들의 꿈같은 얘기처럼 들릴 것이다. 그러나 각자의 본질적인 '왜'는 서로 뿌리로 연결되어 있다. 연결된 생명은 한 방향을 본다. 겉과 속이 같은 세상, 투명하게 드러날 수밖에 없는 세상, 진실의 지도는 나의 발자국이다. 거짓말이 지배하는 세상을 밝히는 탐험가의 지도가 아니라 '왜'를 따라 세상의 진실을, 본래의 모습 그대로를 체득하고 전하는 내 삶의 지도다.

글을 먼저 읽고 있던 그녀가 외쳤다. "아니, 이건 러브레터잖아요!" 그랬다. 이 책은 길고 긴 러브레터다. 한 사람을 향한 내 사랑의 고백이다. 힘들어도 힘내라며 말랑하고 달콤한 마시멜로도 없지만, 지금 그대로 충분히 멋지다며 긍정의 힘 북돋는 따뜻한 한마디가 없지만, 당신의 존재만으로 세상이 아름답다며 햇살 눈부시게 빛나는 구절도 없지만, 이 뜨거움을 전하지 않고는 견딜 수 없어서 머리가 아닌 마음으로 꾹꾹 눌러 쓰고 또 쓰고 지우고 또 지우며 써내려 간 러브레터다. 나는 그 한 사람을 기다린다. 세상을 향해 그 한 사람이 써내려 갈 러브레터를 기다린다.

　나는 고백으로 시작했다(1장 참고). 당신에게 글을 쓰는 내가 누구인지, 부끄러운 과거를 당신에게 고백했다. 7년 전 나의 존재를 처음으로 볼 수 있게 되었던 때, 시간은 그때 멈추었다. '왜'를 만나고, 내가 어디서 와서 어디로 가는 중이었는지 고백했다. 나를 누르고 있던 모든 거추장스러운 것들의 존재도 처음으로 보았다. 그로부터 풀려나는 경험이 나를 다시 살 수 있게 해주었다. 건강, 사랑, 일, 명예 모든 것이 부족한 것 하나 없다고 자족하던 그때, 나는 바닥에 닿고서야 건져 올려졌다. 내 영혼이 태어난 날이다.

내 힘으로 얻은 것 중에 가치 있는 것은 아무것도 없었다. 더 쟁취하러 바쁘게 달려가야 한다고 믿었던 것들, 내 것이라고 믿었던 능력도, 지식도, 물질도, 소유도 내가 만든 굴레라는 것을 그때까지 알지 못했다. 선물로 받았던 것들은 다 반납을 해버린 상태였다. 언제나 내 소리를 듣고 내 말을 하느라 아무것도 들리지 않았고, 보이지 않았다. 모든 가치가 오직 관계에 있다면서, 그렇게 네트워크가 중요하고 노드가 아니라 링크라면서 가치가 연결에 있다고 떠들고 가르쳤는데, 정작 나는 알지 못했다. 일이 아닌 삶에서 몸으로 살아내지 않았으니 알고 있던 것이 아니었다.

마음이 급해졌다. 내가 본 것을, 내가 세포로 알게 된 것을 어떻게 전해야 할까. 당신에게 편지를 써야 했다. 당신은 언제나 바쁘다. 그런 당신이 이 긴 글을 읽어 줄 시간이 있을까, 중간에 포기하지는 않을까, 끝까지 칭찬 하나 없는 이 사랑의 고백을 다 마칠 수 있게 당신을 멈춰 세울 수 있을까 망설였다. 당신은 너무 인기가 많아서 이미 사방에서 쏟아지는 달콤하고 산뜻한 러브레터를 다 읽을 시간도 없는데, 당신을 더 멋지게 만들어 줄 책과 영상, 모임, 강의도 넘쳐나는데. 글을 쓴 시간보다 고민한 시간이 더 많았다.

그러나 나는 말해야 했다. 모든 것이 넘쳐나는 시대에 시스템에 순응하며 앞만 보고 달리는 동안, 이대로 가다가는 어떻게 부자로 태어난 당신이 가난하게 죽을 수밖에 없는지, 당신이 보지 못하는 가난(2장 참고)에 대해 말해 주어야 했다. 당신이 자신이라고 믿고 있는 존재가, 어쩌면 당신도 알아보지 못할 정도로 왜곡된 당신(3장 참고)이라는 것을 고통스럽지만 말해 주어야 했다. 눈이 부시게 아름다운 당신의 존재가 매일 쓰고 살아가는 가면 뒤에서 더욱 소외되어 가는 현실을 알려 주어야 했다. 당신처럼 순수한 사람에게 가면이라니, 말도 안 된다는 것을 알지만 어쩔 수가 없었다.

돈을 벌기도 바쁜 당신에게 이미 당신과 한 몸이 되어 버린 존재인 돈이 어떻게 당신의 모든 사소한 관계를 왜곡하고 당신을 지배하고 있는지, 돈의 본래 얼굴을, 돈이 가져간 존재의 자유를(4장 참고), 돈이 만든 질서를, 돈의 노예가 된 우리 서로를 볼 수 있도록 나는 전해야 했다. 당신과 나의 잃어버린 존엄성이 돈 안에 있지 않고, 당신과 내가 수단으로 전락시킨 관계 안에, 거기 당신의 자유가 있다고 쓰고 지우고 또 썼다. 당신이 싫어할 것을 알면서도 나는 말하지 않을 수 없었다.

당신의 직업에 대해 얘기했던 것도(5장 참고), 직업의 굴레로부터 벗어나 자유를 만날 수 있기를 바랐기 때문이다. "돈을 버는 수단으로 전락한 직업은 나 자신을 돈의 수단이자 도구가 되게 만들고 대신 스스로 인격화되었다. (…) 거래 관계, 경쟁 관계, 갑을 관계, 지배 관계는 인격은 없고 도구가 도구를 만드는 과정의 증거일 뿐이다." 사실은 일하는 시간뿐만 아니라 삶 전체를 통해, 일하고 먹고 마시고 쉬고 만나고 노는 동안, 당신도 나도 모든 순간을 바쳐 세상의 악순환(6장 참고)에 기여하고 있었다. 용서해 주기 바란다. 악순환은 진실의 왜곡이 쌓여 만들어진 것이기도 하지만, 당신의 보석이 영문도 모른 채 아직도 잠들어 있기 때문이라는 것을 어떻게 알릴 수 있을까.

생각해 보면 이 편지는 당신 안에 얼마나 반짝이는 보석이 있는지, 오직 당신으로부터 발견되기를 평생을 기다리는 그 보석의 존재(7장 참고)를 알리려고 쓰게 된 것 같다. 그 보석의 이름은 '왜'라고 지었다. 당신을 살아 있게 하는 실체, 당신에게 설렘을 주는 실체, 당신과 세상의 관계를 만드는 뿌리, 당신의 삶을 이끌어 줄 나침반, 우리가 다른 여행을 하다가도 서로 만날 수밖에 없는 운명, 당신을 향해 반짝여서 당신을 돋보이게 하는 것이 아니라 당신이 보고 있는 세상을 향해 반짝이는 보석, 그로 인해 당신의 숨길 수 없는 아름다움이 빛으로 드러나는 보석(8장 참고)에 대해 알려 주어야 했다. 그 보석이 당신을 세상의 단 한 사람으로 만들어 준다는 것을, 저 먼 곳이 아니라 바로 당신 안에 이미 있다는 것을 알려야 했다.

내가 기다리고 있는 한 사람, 바로 당신이다. 당신이 보석을 발견하게 된다면, 풍요를 위해 달려가던 시간(10장 참고) 안에서 당신의 '왜'가 난파되지 않도록, 당신이 시작할 항해가 어떤 것인지도, 그 비밀의 시간(11장 참고)에 대해서도 미리 알려 주어야 했다. 당신은 여기서 내 편지가 지루하다고 느꼈을지도 모르겠다. 하지만 시간을 절약하는 방법으로는, 그래서 결국 동료들이 서로 도구화되기를 반복하거나 항해를 시작하기도 전에 불꽃이 꺼져 버리면 다시 원점으로 돌아갈 테니, 나는 말해 주어야 했다. 당신의 '왜'가 향하고 있는 그 대상을, 그래서 당신을, 구할 수 없기 때문이었다. 당신처럼 세상을 향해 반짝이는 '왜'를 가진 사람들을 만날 장소, 놓치지 말아야 할 모멘텀(12장 참고), 함께 만들어 낼 새로운 시간(13장 참고)에 대해 적었다. 전쟁터로 긴급한 전령을 보내는 비장한 마음이었다.

282

당신은 두렵다고 했다. AI가 당신의 자리를 빼앗을까 봐, 당신의 삶에 어떤 결과를 가져올지 혼란스럽다고 했다. 나는 당신이 갖고 있는 '왜'의 마법을 사용하라고, 생각하고 질문하는 당신이 이미 답을 가지고 있다고, 허구와 실제가 구분될 수도 없고 구분될 필요도 없는 세상에서 당신은 AI를 보고 있지만 나는 당신을 보고 있다고 말해 주었다. AI와 당신이 함께 살아가게 되었다는 사실이 잃어버렸던 당신의 능력, 선물로 받았지만 반납했던 것들에 대해 다시 배우고 훈련할 때가 되었다고 우리에게 말해 주고 있었으니까. 그냥 주고 그냥 받을 수 있는 사랑의 능력이 어디로 사라졌는지, 어디서 찾아와야 할지 당신에게 알리고, 같이 가지 않겠냐고, 반지는 없지만 나는 고백해 버렸다(14장 참고).

당신이 혼란스러워한다는 것을 나도 안다. 하지만 당신은 이미 답을 알고 있다. 당신을 살아 있게 만드는 것은 무엇인지, 설레게 하는 것은 무엇인지, 왜 그것이 당신을 기쁘게 하는지, 질문이 본질로 계속 내려가다 보면 거기, 만나야 할 생명이 있으니까. 생명에 대한 질문은 우리가 어디서 와서 어디로 가고 있는지에 대한 질문이자 동시에 답이니까. 살아 있다는 것은 오직 관계로만 설명될 수 있다는 것, 관계가 없이 존재를 설명해 낼 방법은 없다는 것을 나는 당신에게 전하고 싶었다.

나는 당신과 내가 본래 하나의 생명이었다는 사실(15장 참고)을 더 이상 숨길 수 없었다. BCI(뇌-컴퓨터 인터페이스)처럼 이제 생각만으로도 서로를 알 수 있게 된 기술의 발전이 당신의 뇌, 팔과 다리, 척추, 눈과 귀의 성능이 좋아지는 신체적 확장을 넘어, 당신과 내가 어떻게 존재적으로 연결된 한 몸인지, 서로가 서로의 몸이자 일부인지 깨닫게 해주고 있었다. 그래서 당신이, 그리고 내가 어떻게 존재적인 퇴화를 서로 막아줄 수 있는 한 사람이 될 것인지, 서로의 사랑을 알 수 있게 돕는 존재가 될 것인지, 숙제로 받았다고 말해 주었다. 전체가 하나인데, 한 몸 한 신체의 일부로서 당신은 이제 무엇이 될 것인지, 시작될 질문을 돕고 싶었다. 무엇을, 왜 연결하는 주체로 살아갈 것인지, 오직 당신이, 당신 자신에게 던져야 할 질문이었다.

나는 긴 편지를 끝내며 마지막으로 용기를 내었다. 세상이 아픈 이유가, 그래서 당신도 아픈 이유가 다 거짓말 때문이라고(16장 참고) 썼다. 우리가 거짓말을 모르는 T족으로 태어났더라면 더 좋았을 텐데, 세상이 이렇게까지 아프지 않았을 텐데, 진실이 왜곡되는 기술은 점점 더 좋아지고 상대방의 믿음이 다시 거짓말의 먹이가 되는 악순환을 처음부터 막을 수 있었을 텐데, 억울하지만 당신과 나는 H족으로 태어났고 물러 달라고 할 수는 없으니까.

그래서 나는 '진실의 지도'를 함께 만들자고, 당신의 '왜' 가 진실의 지도를 그리는 나침반이 될 거라고, 함께 가자고, 함께 살자고, 프러포즈로 편지를 맺었다. 거짓말이 끝나고 온 전히 겉과 속이 같은 나와 당신, 감추고 더하고 뺄 것도 없는 있는 그대로의 나와 당신, 그런 세상을 볼 수 있는 눈을 가진 나와 당신, 그로부터 왜곡되기 전의 본래의 관계, 대상을 있 는 그대로 볼 수 있는 능력을 가진 당신과 나로 다시 태어날 수 있는 방법이 있다고.

내 존재는 내 안에 있지 않고 당신 안에 있다. 당신과의 관 계에 있다. 당신의 존재가 당신 안에 있지 않고 관계 안에, 끊 어지고 깨어지고 상처난 관계 안에 있다. 이것만으로도 우리 는 다시 살 수 있다. 목적 없는 관계, 그냥 주고 그냥 받을 수 있는 능력 안에 사랑이, 그 사랑 안에 당신의 존재가 있기 때 문이다. 이익을 계산하느라 너무 바쁜 나와 당신이 다시 사랑 의 능력을 갖게 된다면, 계산해야 하는 저주에서도 풀려나게 되겠지. 준 적이 없으니 돌려받을 것도 없고, 준 사람이 없으 니 돌려줄 사람도 없겠지. 갖고 태어났지만 시간이 없어서 반 납했던 능력, 돈으로 살 수 있는 것들을 소유하느라 필요 없 어졌던 능력, 없어진지도 몰랐던 능력, 그 무한한 능력을 당신 이 다시 찾게 되기를 간절히 바란다.

물론 당신까지 나처럼 극단적이고 고통스러운 방식으로

'왜'를 만날 필요는 없으니 걱정은 하지 않았으면 좋겠다. 그럴 수도 없을 것이다. 하지만 나는 전했을까? 어떻게든 당신 안에서 자고 있는 '왜'를 깨우지 않는 이상, 잃어버린 사랑의 능력을 되찾아올 방법은 없다는 메시지가 당신에게 전해졌을까? 밖에서 메시아를 기다리지도 말고, 서성이다가 생을 마감하지도 말자고, 시간을 멈추러 함께 가자고. 당신이 '왜'를 극명하게 정의하게 되는 순간, 당신이 당신 자신을 만나는 그 찬란한 순간을 나도 목격하고 싶다. 거기서 만난 자유가 일과 삶이 분리되었던 당신을 하나로 되돌리고 모든 굴레로부터 당신을 구할 때, 다른 사람을 도울 수 있는 힘도 생겨나고 자라날 것이다.

우리에게 필요한 이 능력으로 서로가 서로의 뇌가 되어 주는, 그래서 하나의 뇌가 아니라 수십억의 센서의 역할,[1] 서로의 뿌리이자 조직화되는 개인, 끊임없이 변화하면서 서로를 만들어 가는 우리를 발견할 수 있게 되기를 바란다. 그 근원에 각자의 '왜'가 있는, 그래서 서로의 '왜'가 더 강력한 조직화의, 아무도 가지 않은 길의 길잡이가 되어 주는, 관계를 통해 숨 쉬는 생명 자체이기를 바란다.

긴 편지를 마쳤는데 후련하지 않다. 오랫동안 말하는 능력을 잃었다가 갑자기 말문이 터진 사람처럼, 타다다다 분노의 키보드를 두드리며 전심을 다해 쏟아내고 나면, 마침표를 찍으며 다 끝났다고 시원할 줄 알았는데, 그렇지가 않다. 여기가 끝이 아니라 시작이라는 것을, 아니 아직 아무것도 시작되지 않았다는 것을 알고 있기 때문일 것이다. 불편하고 긴 사랑의 편지를 끝까지 읽어 준 당신이 고맙다. 당신, 단 한 사람의 변화가 세상을 깨울 것이다. 그 한 사람을, 나는 기다린다.

에피쿠로스의 정원에서
2024년 5월 9일, 윤지영

미주

프롤로그 왜 '왜(Why)'인가?

1 https://organicmedialab.com/2022/07/26/end-of-mass-media/.

2 https://www.hira.or.kr/bbsDummy.do?pgmid=HIRAA0200410001
00&brdScnBltNo=4&brdBltNo=10627&pageIndex=1.

3 https://www.doctorsnews.co.kr/news/articleView.html?idxno=126
369&sc_word=&sc_word2=.

4 https://organicmedialab.com/school/home-school/. 오가닉 미디어
랩[홈스쿨링]

Life: 죽음 속의 생명

01 고슴도치의 죽음

1 https://organicmedialab.com/2017/02/08/announcing-organic-
marketing/.

2 《좋은 기업을 넘어 위대한 기업으로》, 짐 콜린스, 이무열 옮김, 김영사,
2011.

02 어느 강아지의 발견

1 〈프롤로그: 진화하지 않으면 죽는다〉, 《오가닉 미디어》, 윤지영, 오가닉 미디어랩, 2014.

2 https://old.reddit.com/r/blender/comments/121lhfq/i_lost_every thing_that_made_me_love_my_job/.

03 가면무도회

1 〈어디까지 보여줄 것인가?〉, 《오가닉 미디어》, 윤지영, 오가닉미디어랩, 2014.

2 https://en.wikipedia.org/wiki/The_Giving_Pledge.

3 Erving Goffman, *La Présentation de soi. La Mise en scène de la vie quotidienne*, Les Editions Minuit, 1973.

4 《스펙타클의 사회》, 기 드보르, 유재홍 옮김, 울력, 2014.

5 https://web.stanford.edu/~eckert/PDF/GoffmanFace1967.pdf.

Money: 풍요 속의 결핍

04 돈의 작용 반작용

1 《돈의 철학(Philosophie des Geldes)》, 게오르그 짐멜, 김덕영 옮김, 도서출판 길, 2013, 272쪽.

2 〈우리가 은행이다〉, 《오가닉 마케팅》, 윤지영, 오가닉미디어랩, 2017.

3 게오르그 짐멜, 앞의 책, 755~756쪽.

4 게오르그 짐멜, 위의 책, 386쪽.

5 게오르그 짐멜, 위의 책, 596쪽.

05 직업의 종말

1 https://www.newyorker.com/culture/2022-in-review/the-year-in-quiet-quitting.

2 https://eiec.kdi.re.kr/policy/materialView.do?num=201134&topic=.

3 《게오르그 짐멜의 모더니티 풍경 11가지》, 김덕영, 도서출판 길, 2007, 168쪽.

4 김덕영, 위의 책, 116쪽.

5 글을 공개하기 전에 여러 독자의 피드백을 받아 수정하는 단계를 거친다. 특히 이 단락은 책의 러닝메이트가 되어 준 김은지 님(http://brunch.co.kr/@lemonbgrass)의 피드백으로 추가되었다.

06 악순환의 해부학

1 https://www.wonnews.co.kr/news/articleView.html?idxno=110962.

2 https://blog.naver.com/hometown_flower/223329298226.

3 https://h21.hani.co.kr/section-021136000/2008/07/021136000200807210720027.html.

4 http://cucs.or.kr/?p=6750.

5 https://www.mk.co.kr/news/it/7027279.

6 《왜 세계의 절반은 굶주리는가?(La faim dans le monde expliquée à mon fils, 1999)》, 장 지글러, 유영미 옮김, 갈라파고스, 2007.

7 https://m.health.chosun.com/svc/news_view.html?contid=2021052401483.

8 〈사적 영역과 공적 영역의 소셜 게임〉, 《오가닉 미디어》, 윤지영, 오가닉미디어랩, 2014.

9 https://www.wsj.com/articles/covid-censorship-proved-to-be-deadly-social-media-government-pandemic-health-697c32c4.

10 〈시간과 공간 관점에서 본 미디어의 역사〉, 《오가닉 미디어》, 윤지영, 오가닉미디어랩, 2014, 193쪽.

11 https://www.hani.co.kr/arti/science/science_general/1034453.html.

12 https://coronaboard.kr/.

13 https://www.bbc.com/korean/international-57082611.

14 〈에필로그: 연결이 지배하는 미디어 세상의 미래〉, 《오가닉 미디어》, 윤지영, 오가닉미디어랩, 2014.

15 https://x.com/srho77/status/1758466061828292761?s=20.

16 〈신뢰란 무엇인가?〉, 《오가닉 마케팅》, 윤지영, 오가닉미디어랩, 2017.

17 https://x.com/TheChiefNerd/status/1762153253804834985?s=20.

18 https://childrenshealthdefense.org/defender/bill-gates-profits-biontech-effectiveness-covid-vaccines/.

19 https://x.com/GMitakides/status/1522848497271201792?s=20.

20 https://x.com/CitizenFreePres/status/1745880424029573414?s=20.

Why: 내 안의 나

07 '왜'를 찾아서 1편: 9시간의 사투

1 https://organicmedialab.com/2023/02/27/economics-of-tesla-mission/.

08 '왜'를 찾아서 2편: 내가 찾은 비밀

1 〈컨텍스트에 답이 있다〉,《오가닉 미디어》, 윤지영, 오가닉미디어랩, 2014.

2 〈미디어의 3요소〉,《오가닉 미디어》, 윤지영, 오가닉미디어랩, 2014.

3 〈왜 오가닉 마케팅인가?〉,《오가닉 마케팅》, 윤지영, 오가닉미디어랩, 2017.

4 Georg Simmel, *Secret et sociétés secrètes*, Strasbourg, Circé, 1991, p. 22. 1906년 발표된 영어 원문은 https://www.d.umn.edu/cla/faculty/jhamlin/4111/Readings/SimmelSecrecy.pdf를 보라.

5 〈어디까지 보여줄 것인가?〉,《오가닉 미디어》, 윤지영, 오가닉미디어랩, 2014.

6 〈안과 밖의 경계가 없는 시장에서 사업자는 누구인가〉,《오가닉 미디어》, 윤지영, 오가닉미디어랩, 2014.

7 〈에필로그: 연결이 지배하는 미디어 세상의 미래〉,《오가닉 미디어》, 윤지영, 오가닉미디어랩, 2014.

8 https://organicmedialab.com/2023/02/14/tesla-as-infinite-scale-network/.

09 '왜'를 찾아서 3편: 질문의 힘

1 〈콘텐츠의 재정의와 새로운 비즈니스의 기회〉,《오가닉 미디어》, 윤지영,

오가닉미디어랩, 2014

2 https://organicmedialab.com/2023/08/22/organic-energy-abundance-is-the-answer/.

3 〈우리가 은행이다〉,《오가닉 마케팅》, 윤지영, 오가닉미디어랩, 2017.

4 〈소셜 네트워크 서비스와 '나의 정체성'〉,《오가닉 미디어》, 윤지영, 오가닉미디어랩, 2014.

Time: 굴레 속의 자유

10 시간의 재발견: 해피엔딩의 함정

1 〈시간과 공간의 관점에서 본 미디어의 역사〉,《오가닉 미디어》, 윤지영, 오가닉미디어랩, 2014, 180~197쪽.

2 《시계 밖의 시간》, 제이 그리피스, 박은주 옮김, 당대, 2002.

11 시간의 해체: 데자뷔에서 유레카로

1 Henri Bergson, *L'évolution créatrice* (1907), p. 11., Les Échos du Maquis, 2013. (국내 출간:《창조적 진화》, 앙리 베르그손, 황수영 옮김, 아카넷, 2015)

2 〈프롤로그: 진화하지 않으면 죽는다〉,《오가닉 미디어》, 윤지영, 오가닉미디어랩, 2014.

3 https://organicmedialab.com/2019/05/13/from-friends/.

4 〈미디어의 3 요소〉,《오가닉 미디어》, 윤지영, 오가닉미디어랩, 2014.

5 〈정보는 세상의 중심이 되고 연결은 세상을 지배한다〉,《오가닉 비즈니스》, 노상규, 오가닉미디어랩, 2016.

6 https://organicmedialab.com/2023/02/15/tesla-agile-pace-of-innovation/.

7 Henri Bergson, op. cit.

12 시간의 성장: '돕는 힘'을 만드는 능력

1 https://organicmedialab.com/2023/02/27/economics-of-tesla-mission/.

2 https://organicmedialab.com/2022/01/10/curse-of-the-exponential/.

3 https://organicmedialab.com/2022/08/06/organic-business-digital-quality-innovation-interview/.

4 https://www.youtube.com/watch?v=MlzWtQmYQvU.

5 https://organicmedialab.com/2023/02/15/tesla-agile-pace-of-innovation/.

13 무한한 시간: 한 방향의 마법

1 Henri Bergson, op. cit., p. 14.

2 〈컨테이너의 숨겨진 쟁점의 이해〉, 《오가닉 미디어》, 윤지영, 오가닉미디어랩, 2014.

3 https://x.com/srho77/status/1771099428025455035?s=20.

4 https://organicmedialab.com/2023/08/22/organic-energy-abundance-is-the-answer/.

5 《식물혁명》, 스테파노 만쿠소, 김현주 옮김, 동아엠앤비, 2019, 143쪽.

6 위의 책, 149쪽.

7 〈안과 밖의 경계가 없는 시장에서 사업자는 누구인가?〉, 《오가닉 미디어》, 윤지영, 오가닉미디어랩, 2014.

Being: 거짓 속의 진실

14 인간 대 AI: 나는 누구인가?

1 https://www.scientificamerican.com/article/chatbot-hallucinations-inevitable/.

2 https://karpathy.medium.com/software-2-0-a64152b37c35.

3 https://commoncrawl.org/.

4 Ray Kurzweil, *The Singularity Is Near*, The Viking Press, 2005.

5 https://9gag.com/gag/aoKrLXX.

6 https://x.com/Baklava_USA/status/1760832963292635198.

7 https://edition.cnn.com/2024/03/09/us/what-is-dei-and-why-its-dividing-america/index.html.

8 https://www.hoover.org/research/why-shoplifting-now-de-facto-legal-california.

9 https://www.washingtonpost.com/style/of-interest/2024/03/01/cvs-washington-dc-shoplifting-closure/.

10 https://www.prindleinstitute.org/2020/02/can-shoplifting-be-activism/.

11 https://www.theverge.com/2024/2/21/24079371/google-ai-gemini-generative-inaccurate-historical.

12 Jean Baudrillard, *L'échange symbolique et la mort*, Editions Gallimard, 1976.

13 https://openai.com/index/introducing-openai/.

14 https://openai.com/our-structure/.

15 https://www.theguardian.com/technology/2024/mar/09/why-is-elon-musk-suing-sam-altman-openai.

16 https://x.com/tomwarren/status/1725613011157549116.

15 인간의 확장: 인간은 무엇인가?

1 https://x.com/elonmusk/status/1752098683024220632.

2 https://x.com/neuralink/status/1770563939413496146.

3 https://en.wikipedia.org/wiki/BrainGate.

4 '브레인게이트'의 임상 실험을 주도해 온 브라운 대학교의 존 도노휴 (John Donoghue) 교수와 《뉴욕 타임스》의 인터뷰 내용 중에서 발췌. https://www.nytimes.com/2010/08/03/science/03conv.html.

5 https://neuralink.com/blog/prime-study-progress-update/.

6 Ibid.

7 https://medium.com/@neuronic_img/a-deeper-look-at-neuralinks-n1-chip-f0763ea0a61e.

8 https://www.youtube.com/live/YreDYmXTYi4?t=1948s.

9 https://x.com/ModdedQuad.

10 《미디어의 이해: 인간의 확장》, 마셜 매클루언, 김성기·이한우 옮김, 민음사, 2002.

11 《오가닉 미디어》, 윤지영, 오가닉미디어랩, 2014.

12 〈미디어의 3요소〉, 《오가닉 미디어》, 윤지영, 오가닉미디어랩, 2014.

13 〈컨테이너의 숨겨진 쟁점〉, 《오가닉 미디어》, 윤지영, 오가닉미디어랩, 2014.

14 https://www.korea.kr/news/healthView.do?newsId=148791922.

15 Henri Bergson, *La Pensée et le Mouvant*, Paris, PUF, 2009, p. 181.

16 《도둑맞은 집중력》, 요한 하리, 김하현 옮김, 어크로스, 2023.

17 Saint Simon dans Pierre Musso, *La philosophie des réseaux*, Edition PUF, 1997.

16 인간의 운명: 거짓말 때문이다

1 https://www.linkedin.com/pulse/lies-tobacco-companies-told-us-united-states-v-philip-jim-wigmore/.

2 https://x.com/TaraBull808/status/1786388514558619686.

3 https://en.wikipedia.org/wiki/Hatred.

4 https://www.pbs.org/newshour/politics/transgender-minors-protected-from-estranged-parents-under-washington-law.

5 https://edition.cnn.com/2024/04/08/sport/naia-bans-trans-athletes-dawn-staley-reaj/index.html.

6 https://x.com/Travis_4_Trump/status/1787206904659206362.

7 https://www.theatlantic.com/ideas/archive/2023/05/biden-transgender-student-athletes-schools/673968/.

8 https://x.com/Riley_Gaines_.

9 https://www.cbsnews.com/news/riley-gaines-college-athletes-lawsuit-ncaa-transgender-policies/.

10 https://www.cbsnews.com/philadelphia/news/lia-thomas-university-of-pennsylvania-swimmer-ncaa-woman-of-the-year-award/.

11 〈신뢰란 무엇인가?〉, 《오가닉 마케팅》, 윤지영, 오가닉미디어랩, 2017.

12 〈트위터 서비스 구조 해부하기〉, 《오가닉 미디어》, 윤지영, 오가닉미디어랩, 2014.

13 https://x.com/farzyness/status/1736082262578331655.

14 https://x.com/mtaibbi/status/1598822959866683394?lang=en.

에필로그 러브레터

1 스테파노 만쿠소, 앞의 책.